JN244996

老いゆく団地

ある都営住宅の高齢化と建替え

朴 承賢

森話社

本書は「一般財団法人住総研」の二〇一七年度出版助成を得て出版されたものである

老いゆく団地——ある都営住宅の高齢化と建替え　目次

凡例

（1）調査対象者の名はすべて仮名とし、本書内では同一の人物に対しては同一の仮名を用いている。

（2）本文に掲載されている写真は、出典や撮影者名のあるもの以外は著者の撮影である。

装幀写真＝都営桐ヶ丘団地（カバー表4・表紙撮影＝朴承賢、同表1・扉撮影＝森話社編集部）

序章

1 「団地」という問題

1–1 都営桐ヶ丘団地の高齢化と建替え

調査を開始した当初の筆者の問題意識は、どうして東京という大都市の中に「高齢者ばかり」といわれる居住空間が存在するようになったのだろうか、ということであった。階級やエスニシティによる居住地の分化は、あらゆる都市に見られる普遍的な現象である。しかし、年齢による居住地の分離が著しく、大規模な団地が「高齢者施設化」したとまでいわれるということは、注目すべき現象に思われた。

筆者が二〇〇八年九月からフィールドワークを行ってきた地域は、東京都北区に位置する都営桐ヶ丘団地である。桐ヶ丘団地は北区桐ヶ丘一、二丁目に所在し、一九五二年から一九七六年までの間に建設された、約四五ヘクタール、総五〇二〇戸の大規模団地である。桐ヶ丘団地がまだ建築中であった一九七二年は、アメリカの「プルーイット・アイゴー」の爆破により、都市計画のグローバル・スタンダードへの問題意識が深められた時期でもある。[1] ジェイン・ジェイコブズは、一九六一年にすでに、*Death And Life of Amerian Great Cities* において、近代建築思想による都市計画を批判した。彼女は、戦後アメリカにおける一方的な再整備事業は、既存住民の社会的ネットワークを破壊して都市の活気を低下させただけではなく、犯罪の危険性まで高めたと指摘し、古い町の小さなストリートこそが安全で活気に満ちた都市生活を保障すると主張した。

戦後に建てられた桐ヶ丘団地は、反復的で無味乾燥なコンクリートの外観の集合住宅に他から人びとが集まってきた典型的な大規模開発地であった。にもかかわらず、桐ヶ丘団地は「団地の下町」と呼ばれるほどの活気あふれる空間として存続してきた。住民たちは「夢のような2ＤＫ」に入居して、ダイニング・キッチン用のテーブルクロスをかけただけではなく、建てられた順に自治会をつくり、公営団地ならではの方式を定着させた。泥だらけの空き地は、住民を孤立させるどころか、環境づくりのための地域組織の結成までをも導いたのだ。桐ヶ丘団地に古くから住んでいる住民たちは、「今は想像もできないだろうが、子供が山ほど多かった」という言葉で、「子育ての時代」を楽しそうに回想した。

しかし、一九五二年の団地建設計画[2]から六〇年余りの時間が経過した今の桐ヶ丘団地の状況は、完全に変わっている。現在の桐ヶ丘団地は「高齢者ばかりの地域」となっており、自治会の役員たちは「これ以上高齢化すると自治会は維持できない」と高齢化の深刻さを語っていた。

フィールドワークが始まった段階では、大都市に位置する団地の高齢化は、桐ヶ丘団地に独特の現象だと思われた。しかし、調査の過程で、大都市における集合住宅の高齢化は、高齢化を経験しているあらゆる社会においてそれほど珍しい現象ではないということを知り、改めて驚いた。ドイツの映像人類学作品『グリンデル高層住宅』[3]に映された、ドイツにおける最初のモダンな高層団地の誕生と衰退の過程、すなわち住民たちが語る長年の団地暮らしや高齢化、そして団地の老朽化、コミュニティの衰退の経験は、桐ヶ丘団地のそれと驚くほど似ていた。

桐ヶ丘団地の暮らしがさらに筆者の関心を引いたのは、現在団地で行われている建替えに対して、住民たちが「建替えで団地が完全に変わった」と話していたためである。一九九六年から始まった建替えやそれに伴う移転は、団地コミュニティの問題でもあった。建替えの計画者たちは、大部分の移動は団地内でのものなので、建替えはコミュニティにそれほど影響を及ぼさないと語った。しかし、高齢の住民たちにとって重要なのは、団地内に知人がどれだけ住んでいるかではなかった。ドアを開けて出入りする時、もしくは洗濯物を干しにベランダに出た時、偶然隣人に出会ったら立ち話することこそが住民たちの慣れ親しんだ話し合いの方式であるため、住民たちの表現の通り、「近くても一棟違うと隣りがまるきり違う」のである。それゆえ、建替えによる移転は、近隣の住民どうしの日常的で自然な相互作用を急激に萎縮させた。高齢化と建替えが重なって進むことによって、桐ヶ丘団地において「孤独」はさらに深刻な問題となっている。パットナム［2013］は、社会的な連帯や結束が解体されているアメリカ社会の姿を「孤独なボーリング（bowling alone）」と表現した。一人で行う孤独なボーリングは、コンビニで弁当を買う現代人の日常の様子とも似ており、開店前からパチンコ屋に並んでいる人たちにも似ている。そして、社会的資本が最も必要なまさにその場所に、社会的資本が最も欠如している。

本書では、東京都北区にある都営桐ヶ丘団地でのフィールドワークを通じて、住民の高齢化、建替え[4]と移転による環境の変化、居住福祉の後退などの複合的な変化に焦点を当て、いわゆる「孤独死」に極端な形で現れる老年の「孤独」の問題を議論したい。

1―2 空間を自分のものにする試み

一九四六年に刊行された『先祖の話』において柳田國男は、戦争の廃墟の中で四五枚の位牌を背負って、雨の中を傘もささずに、途方に暮れてとぼとぼ道を歩いていた老人の姿を思い浮べる。そこには、先祖との関係によって自分自身を位置づける存在としての個人が描かれている〔柳田 一九七五〕。小津安二郎の一九五三年の映画『東京物語』は、戦後の日本社会における「伝統的な家族の解体」を描いた映画だといわれる。しかし、「解体された家族」の老母は、家族に囲まれて「家」で死を迎えることのできた最後の世代であり、また、血圧と脈拍で死の兆候を読み、延命の試みなしに「安らかな死」を迎えた最後の世代であったかもしれない。四五枚の位牌を背負った老人の姿や、『東京物語』の母親の臨終の様子から、この半世紀余りで「家族」や「住居」、そして「死」をめぐる事柄がいかに激変してきたのかがさらに明らかになる。

「私は大正生まれ」と自己紹介する桐ヶ丘団地のある住民は、昔話のように長屋生活を語りながら、団地に入居した時の喜びを回想する。彼女は現在、かつては「頭の中になかった」間取りである1DKの部屋で暮らしている。日本社会において、「団地」は戦後の家族と住まいのありさまの変容と、そこに絡んでいる国家政策や社会的・経済的状況が明確に現れる日常の空間である。サラリーマンの夫と専業主婦の妻、そして未婚の子供という「標準家族」は、歴史上ほんの短い間にのみ出現した戦後の家族の姿であった。家族の私的空間を実現させた「団地」の大量生産がその背景にあったのはいうまでもないだろう。

社会や労働などの公的世界から私的世界への移行は、「マイホーム主義」という表現で語られてきた。「マイホーム」とは、コミュニティから切り離された、個人を取り囲む他者の介入から自由な空間であり、誰からも妨害されないものであるとされてきたのだ〔片桐 一九九六〕。マイホームは、「nLDK」という記号によって象徴的に提示される「商品」としての住宅、持ち家取得を通じての私的領域の確定を示す言葉でもある〔山本理奈 二〇一四〕。福祉制度を基盤にした借家である公営住宅における住まい方は、マイホームという言葉の一般的な使い方とはずれている。しかし、本書においては、住宅所有の有無ではなく、近代的住居空間が目指してきた私的領域という意味で「マイホーム」という言葉を使いたい。

建替えによる最も大きな変化であり、住民たちが建替えに関して最も不満を口にする点は、四〇%に及ぶ1DKの建設である。既存の団地の2DKが「標準家族」向けに建てられた空間であったならば、1DKは家族時代が終わってから残された「個人」を容れる、文字通り「マイ」ホームとでも呼ぶべき空間である。ここにおいて、「マイ」は存在様式の問題となるのだ。本書は、郊外にニュータウンが現れ、持ち家願望に圧倒されていった日本の住宅状況の中で、公営住宅に住み続けて、借家でありながらも、それを「マイホーム」と見なし、「終の棲家」と思う人びとの物語である。

戦後の高度経済成長期の桐ヶ丘団地の住民たちは、家族の親密性、住宅福祉、そして市場領域における商品の自由を享受した。しかし、住民たちの生活を支えてきた三つの領域の気圧のいずれもが低下している。住宅福祉は後退しており、年金生活者として市場領域でも歓迎されず、家族の結びつきは貧弱なものとなっているのだ。それゆえ、団地住民の「孤独」は必然的なものにさえ見える。それは桐ヶ丘団地に限らない現実であるだろう。戦後の団地暮らしに関する記述は、近代建築のユートピアへの夢、そしてその挫折の記録となりうる。

「孤独な死」への不安は、都市高齢者の日常的な孤独の問題を露骨に表している。孤独死は、メディアによってスキャンダル的な「事件」として報道されることもあるが、団地の高齢住民にとって、その不安感はより現実的なものであり、「孤独死が最も怖い」と語る住民もいた。閉ざされた家の中で誰にも看取られずに一人きりで死を迎え、死後に「公共」が関与する死とは、人類がいまだかつて経験したことのない死の姿である。孤独死が人びとを当惑させるのは、それが、「自立」した成人の「自己責任」の領域としての「マイホーム」で、死に至るまで、誰かが途方もなく孤立させられていたのだということを思い知らされるからだろう。

近所に住む人の孤独死を経験し、自分自身の孤独な死を恐れている住民たちは、「最期は自分で始末できないものだ」と、他人の存在に新たな意味を与えていた。彼（女）たちは東日本大震災の際、これまでも切実な時に国の力は自分たちには届かなかったし、避難所があったとしてもそこまで行けないこともあったということを思い出した。そして、「備蓄があっても、たどり着けない。年寄りには、寝たきりとか自分で避難できない人が多い」と言い、緊急時に「大丈夫ですか」と声をかけてくれた隣り近所の大切さを強調した。超高齢社会となった桐ヶ丘団地において、他人との絆は、生活を豊かにすることを超えて、生存の条件のように切実なものとなっている。「平凡」な人びとの「孤独死」への不安は、アトム化の終着点であると同時に、その転換点にもなると考える。それゆえに、コミュニティに関する諸議論は、失われた過去のものを回復しようとする試みではなく、今の時代において最も未来志向的なものなのだ。

岩本通弥［二〇一五：六］は、「高層集合住宅」の暮らしに関する研究において、「当たり前」に改めて光を当てることによって、自らの自明な世界を「異化」する眼差しを差し挟むきっかけや、生活世界の自明性という桎梏から解放されるきっかけを探る。今日において住宅とは、住宅政策や資本の支配下に置かれた明白な資本主義的商品である。この中で、日常的実践は都市計画者が立てた空間秩序に圧倒されてしまう。さらに、福祉住宅としての公営団地における、年金生活者の生活は、彼（女）らを囲む社会的制約や規制に縛られてもいる。にもかかわらず、彼（女）らの日常的な住宅での経験は、決して空虚なものではない。彼（女）らがある空間や場所に住むことで、親しみに満ちた公共の空間が構成される。住居は生活世界の空間的基盤であり、生活世界が広がる実存の場所であるのだ。

クリスチャン・ノルベルグ＝シュルツ［一九九一：三三—三四］は、近代建築を「内部と外部の新たな関係」として規定する。ここで彼は、内と外を区別し、両者の間で意味深い関係を作り出す根源的手段として、「門」に着目した。彼の議論は、団地が日本社会において憧れの的であった当時、シリンダー鍵が団地の近代化を象徴していたことを思い起こさせる。シリンダー鍵に象徴される形で内部と外部の新たな関係が創り出され、外部と隔絶した新しい私的領域が生まれたのである。超高齢化時代における公共住宅の暮らしを明らかにする過程は、近代建築がつくり出した内部と外部の新たな関係と、それによって生まれた自立した個人の自己責任にゆだねられた私的領域としての近代的住居空間の、矛盾と限界を明らかにする過程であるといえる。また、それは、私的領域と公的領域の徹底した分離がもたらす超高齢社会における高齢者の孤独と孤立の諸問題に対する問題提起であり、地域から生まれる公共性とは何かを読み解く過程でもある。

筆者は、桐ヶ丘団地に古くから住む住民の親密感を基盤として地域に開かれていたグループやサークルの存在、家の鍵を互いに預けておくような信頼関係、個人的に花を植えたりする小さなスペース、そして、エレベーターの前にちょっと腰かけるためのベンチを置いておくような住民の動きに着目する。本書は、老年の孤独をもたらした空間支配の歴史を遡る一方で、それと同時に、空間を自分のものにする試みとその空間的想像力に着目して、住居空間のあり方を人間の尊厳の問題として論じてみたい。

1―3　桐ヶ丘団地の歴史・地理

東京都北区のJR赤羽駅で降りて西口に出ると、大型スーパーマーケットや商業施設の入るビルがある。その間を通って自動車道路のトンネルのある高台に向かって石段を登ると、都営桐ヶ丘団地とほぼ同時期に建てられた公団赤羽台団地(5)が広がる。その広い敷地を通り抜け、道路を渡ってしばらく進むと、桐ヶ丘団地がある。

二〇〇〇年代に入ってからのメディアでは、公営団地は超高齢社会の憂鬱な未来の姿のように映し出されることもある。そして、公営団地といえば、人びとは古い建物に住む寂しそうな老人の姿を思い描いたりするかもしれない。しかし、それは非常に単純化されたイメージである。桐ヶ丘団地において数十年の間育ってきた樹木は、成熟した緑豊かな自然景観を作り出し、地域に根を下ろしている自治の力が地域の問題に向き合う実践の求心点となっている。自治会やシニアクラブ、民生委員など地域活動の役員は七〇代以上の人がほとんどであり、地域活動の経歴も二〇～三〇年以上となる人が多く、お互いの歴史を共有し、確かな地域コミュニティを構成している。彼(女)らは「高齢者ばかりだ」と心配しながらも、年齢のために排除されることのないコミュニティをつくっている。

桐ヶ丘団地の歴史は、第二次世界大戦後に火薬庫など旧陸軍軍用地の施設を改造して造られた、臨時居住地「赤羽郷(ごう)」に始まる。北区には、総面積の一〇％にあたる、二〇ヘクタール以上の旧軍用地が所在していた。昭和二〇年代後半になると旧軍用地の接収が解除になり、国からの用地の払い下げ

写真 0-1　昭和 20 年代の団地建設前の風景。現在の中央公園付近（渡辺肇氏撮影、北区行政資料センター所蔵［北区飛鳥山博物館（編）2003：11］）。この付近は火薬庫跡地ではなかったようだ

が始まる。特に、赤羽の台地周辺には被服廠、火薬庫、兵器廠などの施設が存在しており、これらの用地が順次払い下げの対象となった［北区飛鳥山博物館（編）二〇〇三：九］。一九四五年に発足した戦災復興院によると、全国で二一〇万戸もの住宅が戦争末期の空襲で焼失した。全国住宅総数約一四〇〇万戸のうち、一五％が焼失したことになる。そのほか強制疎開によって取り壊された住宅が約五五万戸、これに加え、海外からの引揚者も多数であったため、当時の住宅不足数は約四二〇万戸にのぼった。住宅難が深刻な社会問題であったこの時期に、住宅建設は国の政策として本格的に開始された［鈴木成文二〇〇六：六八―七五］。

このような状況の中で、一九四六年当時、赤羽郷の一五万坪の旧陸軍火薬庫跡地に散在する壕舎や兵舎は、引揚者や戦災者五〇〇世帯、二〇〇〇名を収容する大規模なものであった。東京都が設営したこの引揚者用の応急住宅地は「赤羽郷」と命名された[6]［桐ヶ丘35年史編纂委員会（編）一九八一：一三三

一二三四]。

一九五一年には「住宅問題に直面している低所得者に低廉な家賃で住宅を提供すること」を目的として公営住宅法が制定される。住宅難を早急に解決しなければならないという国家的課題が、近代的な住宅様式を普及させようとする意思と合致し、初期の公営住宅は、技術的に民間住宅を先導する役割を果たした。第3章で詳述するが、一九五二年当時、赤羽郷が位置した約一四・五万坪の国有地は、東京二三区に残された数少ない巨大な更地であった。ここに、一九五四年から一九七六年にかけて総五〇二〇戸のマンモス団地として都営桐ヶ丘団地が建てられる。軍用地が引揚者臨時住宅地に転換され、またそこで、大規模団地が計画されたことで、桐ヶ丘団地は敗戦からの復興、戦後への移行を象徴する空間となった。

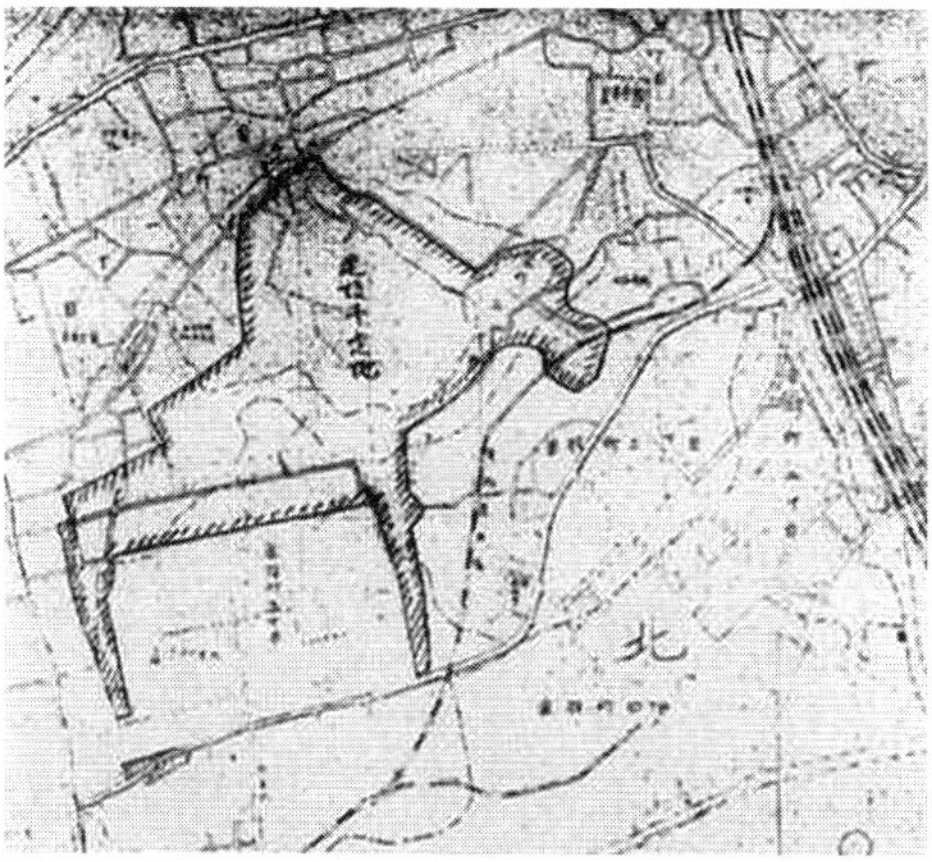

図 0-1　グリーンハイツ都営住宅建設予定地［北区飛鳥山博物館（編） 2003：11］。1952 年東京都公文書館所蔵の図である。1953 年には、北区議会内で「グリーンハイツ誘致委員会」が設置され、1954 年には「グリーンハイツ」から「桐ヶ丘文化住宅」へと名称が変更された

一九五二年には、赤羽郷の東側に木造二階建ての区立小学校が建設された。建設当時、敷地内に太い桐の木が散在していたことから、この小学校は「桐ヶ丘小学校」と

名付けられる。そして、「桐ヶ丘」は団地名ともなり、一九六四年には町名ともなった［桐ヶ丘35年史編纂委員会（編）一九八一：九五―一四二］。当時の公営住宅は、「日本の復興に貢献する人」や「日本の再建に役立つ労働者家族」のための「国民住宅」として位置づけられた。筆者はここで、結婚してからわずかでこの団地に定着したとか、子供が生まれた頃に入居したという「古い住民」に頻繁に出会った。

1―4　公営団地の高齢化と建替え

戦後住宅政策と国民生活に関する報告書である一九六三年刊行の『団地のすべて』は、団地の出現がもたらす地域、生活様式、意識の変化を描いている。そして、小住宅化、小家族化を生み出す団地は「若い夫婦と幼児の社会」として論じられる。報告書は、特に「中学生から結婚期までの年齢層と、老年期の住民が少ない」と指摘し、団地が転入と転出により現在の特定年齢層の構成を維持していくか、もしくは時間の経過とともに住民が高齢化していくという結果になるかが今後の大きな関心事であると述べている［生活科学調査会（編）一九六三］。結果的に、「若い夫婦と幼児の社会」の団地は、現在「高齢者の空間」となっている。それとともに「孤独死」の問題が深刻に報道されるなど、団地は老人病院や老人ホームを代替する「高齢者施設」や「都市型の限界集落」と指摘されるに至った。

図0―3に示されているように、二〇一三（平成二五）年、都営住宅において世帯主が六五歳以上の割合は六三・二％であり、さらに単身世帯の約八割が六五歳以上の高齢者である。都営住宅の高齢

図 0-2　建替え前の桐ヶ丘団地。桐ヶ丘小学校の北側に位置する桐ヶ丘中央公園から、西側がW地区、東側がＥ地区である。そして、地図中央の東西に伸びた道路の北側がＮ地区である。号棟名にはＥ、Ｗ、Ｎがついていたが、建替え後には、号棟名のＥ、Ｗ、Ｎがなくなった。古くから住んできた住民たちは「もう意味ないが」と言いながらも、Ｅ、Ｗ、Ｎの区分で団地図を描いたりした。Ｅ地区とW地区が先に建てられ、建替えも先に進んでいる（東京都都市整備局提供の 1996 年当時の団地現況図をもとに作成）

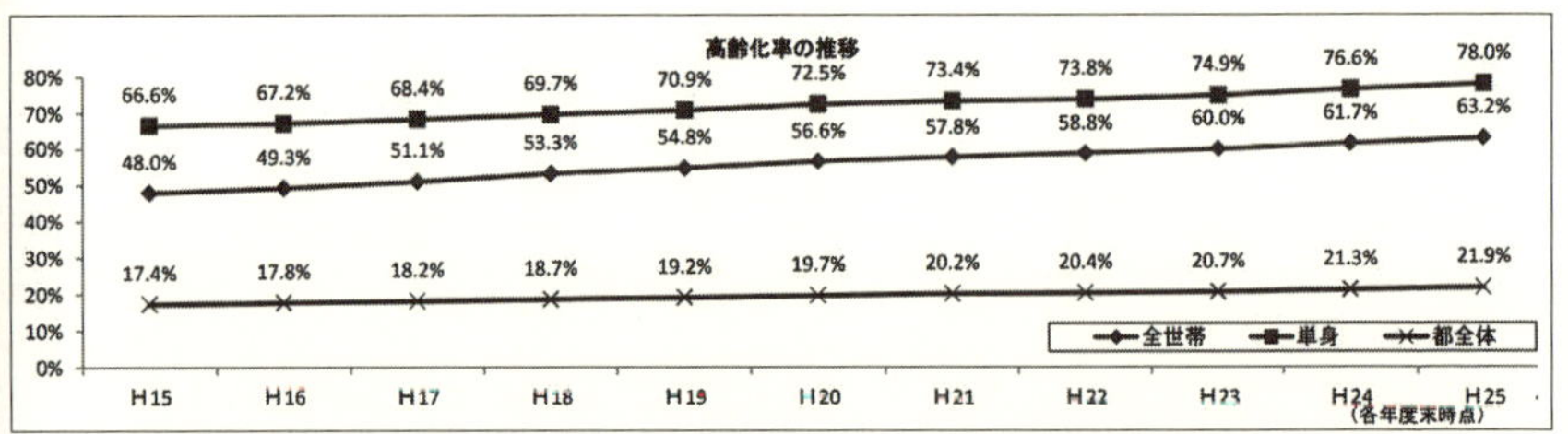

図 0-3　都営住宅における年齢別世帯割合の推移［東京都都市整備局 2015b：15］。この図は世帯主が 65 歳以上の割合を示している。都内全体の高齢化比率（下）に比べ、都営住宅居住者の高齢化は著しい（中央）。特に単身所帯の約 8 割が 65 歳以上の高齢者である（上）

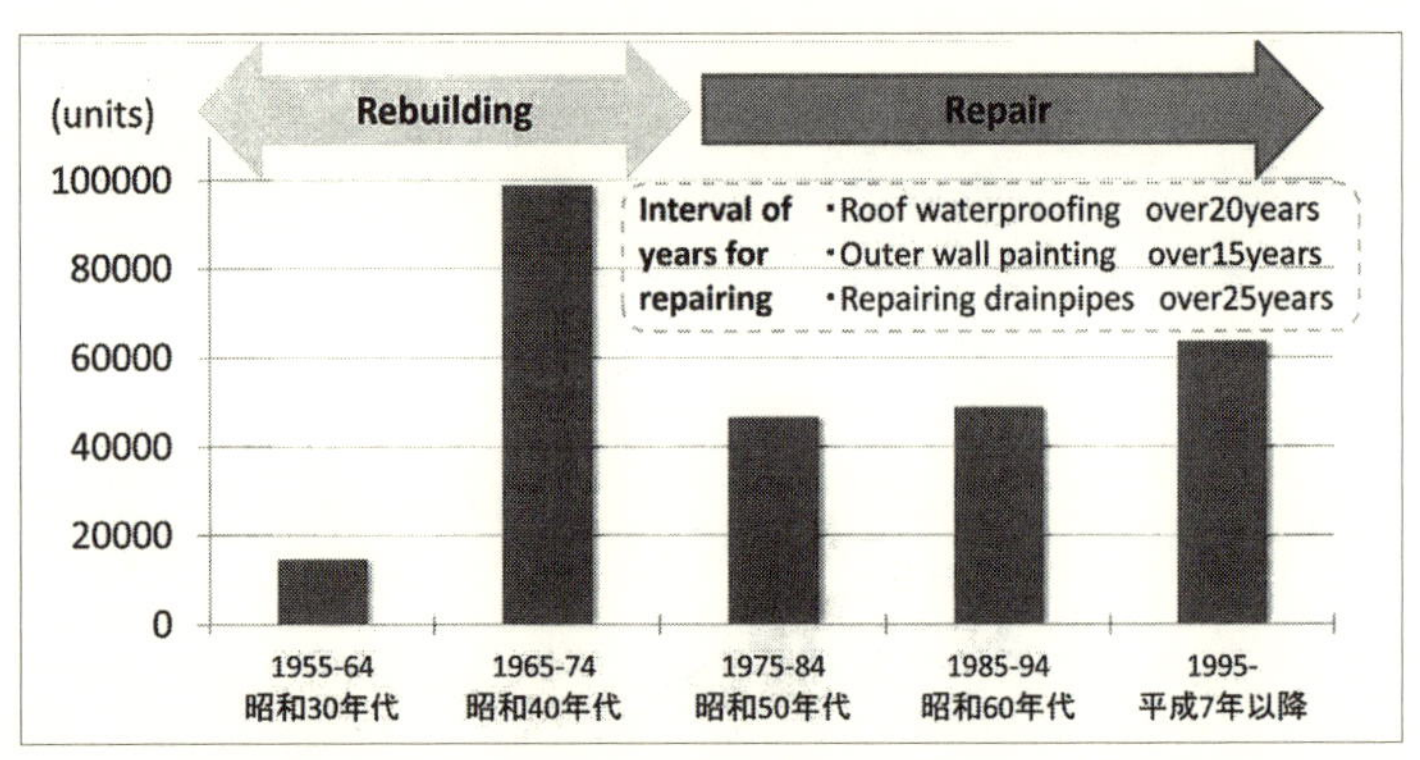

図 0-4　都営住宅のストック［東京都都市整備局 2014］。上の矢印は、左は「建替え工事」、右は「改善工事」である

図 0-5　2008 年当時の都営桐ヶ丘団地の鳥瞰図［東京都都市整備局 2015a］

化は桐ヶ丘団地に限った現象ではないのだ。

一人暮らし世帯や高齢者世帯が増えつつある中で、東京の団地は建替えの時期を迎えている。東京都には約一九〇〇ヘクタールの敷地に約二六万戸の都営住宅（賃貸）があるが、図０－４に示されているように、昭和四〇年代以前（一九七四年以前）に建設されたものが一一万戸を超えており、東京都は一九七四年までに建設した都営住宅に対しては、順次建替え事業を行っている。桐ヶ丘団地が建てられはじめた一九五四年は、公営団地の建設が本格的に始まった時期であり、桐ヶ丘団地が完工した一九七六年頃にかけては、その建設が盛んだった時期である。このように団地が集中して建てられたため、現在数多くの団地が住民の高齢化と建物の老朽化の問題をともに抱えている。そして、桐ヶ丘団地は、現在建替え中の都営団地の中で最も規模の大きい団地でもある(7)。

1－5　調査・研究方法

「建替えで桐ヶ丘団地は完全に変わった」という住民たち

の言葉は、本書のフィールドワークの出発点でもあった。筆者は、新自由主義的な政策の中での建替えが、団地の高齢者たちにいかに受けとめられているのかに焦点を当て、「空間計画」において排除されている高齢住民の生活者としての視点を生かすことを目指した。桐ヶ丘団地は、古くから住んでいる住民たちの長年の住まいであると同時に、福祉行政が深く関与している空間としての特殊性を有する。「少子高齢化」が、現代社会の人口現象を指す造語であり、人口統治［Foucault 2011］の意図を簡潔に示している用語であるならば、桐ヶ丘団地はそれをめぐって行われる日常的実践が最も顕著に現れる空間である。

建替えによる団地の空間的変化が住民たちにいかに経験されるのかを考察することで、高齢化と建替えがともに進んでいる団地暮らしのありさまに近づくことを試みた。主な研究方法は文献研究と人類学的なフィールドワークであった。桐ヶ丘団地の暮らしに関する主たるフィールドワークは二〇〇八年九月から二〇一〇年八月までの二年間に行われた。一方、現在進行中の建替え過程に関する調査でもあるため、二〇一七年八月まで、団地暮らしについての持続的な追加調査を行った。

フィールドワークの過程では、地域の歴史や住民の暮らしについて聞き取り調査を行いながら、住民のライフヒストリーも聞かせてもらった。重要な情報提供者は、自治会の役員や、彼（女）らから紹介してもらった住民たち、そして、団地内で偶然出会った住民たちであった。インタビューは地域振興室や、北区立高齢者サービスセンター「桐ヶ丘やまぶき荘[8]」の珈琲店、住民の自宅でも行われた。二〇一七年からの追加調査のためのインタビューは、団地内の新しい居場所となった「あかしや」や

「長屋」で行われた。情報提供者たちの許可を得て録音した場合もあった。二〇〇九年八月から二〇一〇年三月までは、介護予防施設「桐ヶ丘デイホーム」において、施設長の許可を得て、ボランティア活動を兼ねてフィールドワークを行った。また、その後もデイホームを中心に行われる北区社会福祉協議会や地域住民のボランティア活動に注目し続けた。それは、「地域」における「公共」的諸実践を理解する手掛かりであった。

写真 0-2　桐ヶ丘地域振興室（2010 年 6 月撮影）

桐ヶ丘団地のフィールドワークのために、筆者はまず団地内の桐ヶ丘地域振興室を訪れた。そして、地域振興室からの紹介で最初に出会ったのは、自治会の役員たちであった。それから個人的な紹介で次々と出会った人びとは、大部分は地域で自治会活動をする住民たちや団地に何十年も住んできた「古い住民」であった。

このように筆者は、既存の地域ネットワークに頼って、団地暮らしを調べることができた。そして、彼（女）たちへのインタビューを繰り返す中で、古くから桐ヶ丘団地に住んでいる住民たちのライフヒストリーにおいて、「団地暮らし」が主たる意味を持っていることがわかった。そこで、この団地での生活にかかわるライフヒストリーを、筆者は「団地

写真 0-3　桐ヶ丘団地の建替え前の古い建物（2017 年 7 月撮影）

歴」と呼ぶようになった。

　戦後の2DKから現在の1DKに至るまでの長い期間における団地暮らしを調べるためには、聞き書き調査が求められた。「聞き書き」は、人びとの「語り」や双方向的な「対話」を通して、その暮らしや意識を扱う研究方法であり、その核心は対話＝語りであるとされ、言語化できないままの記憶を対話によって声に移す過程で、人びとが対象をどう認識し、解釈しているのかを明瞭化する技術である〔岩本 二〇〇三：四、二〇〇六：二二八〕。また、同時に「聞き書き」調査は、筆者と被調査者の関係が問い直される調査方法でもある。

　筆者のフィールドワークの過程で、住民たちは最も重要な情報提供者であった。彼（女）たちは、筆者のインタビュー要請に対してとても友好的であり、積極的に協力してくれた。インタビューの過程で、筆者は団地暮らしに関する情報を得るだけではなかった。深い対話を繰り返す過程で、筆者と住民たちはお互いに役に立つ存在になったような気がした。彼（女）らがライフヒストリーを解き放ち、団地の暮らしを振り返ることは、彼（女）が自分の生を物語る時間となっていたのだ。集団でのインタビューは、研究者だけでなく、住民どうしにとっても楽しい時間だったようである。生まれ故郷や、子供の頃の思い出に関する物語は、住民どうしでもお互いに興味深い話題であった。筆者も、インタビューの中で逆に韓国についてさまざまな質問を受けたが、その対話の過程は、世代差をはじめとする異質な存在として、お互いに異文化を

写真 0-4　桐ヶ丘団地の建替え前の古い建物（2012 年 11 月撮影）

写真 0-5　同（2017 年 7 月撮影）

写真 0-6　建替えられた桐ヶ丘団地の建物（2012 年 3 月撮影）

体験する過程でもあった。そして、この異質性はお互いに一種の解放感を与えてくれるものでもあった。

2　老年

2-1　研究対象となれなかった「老年」

「次の日、誰も死ななかった」で始まるジョゼ・サラマーゴ〔2009〕の小説『死の停止』では、死が差し迫っている人びとが、この世との最後の糸が切られず、永遠の「臨終直前」を経験する国の様子が描かれる。そこで、まずは葬儀協会が泣き叫ぶ。そして、病院の責任者や保健大臣の心配が続く。「誰かが入ると誰かが出る循環」が詰まってしまい、「永遠の生の望みと絶対死なないことへの恐怖」が共存する社会となったのだ。「カードで建てられた家のように崩れ落ちるかもしれません」と大臣は叫ぶ。

「死なないことへの恐怖」は、現代社会にも密かに、あるいは露骨に存在する。長寿社会は人類の望みであったが、この願いが叶う豊かな社会に達したとたんに、長寿は「災い」とさえ見なされる「社会問題」として登場する［朴 2018c: 174］。

伝統社会における尊敬されるべき存在としての老人像、家の中で高い権威を持つ老人像については、複数の人類学的報告が存在する。老人は超自然的な威厳を持って、神聖な分野をはじめ重要な社会的役割を果たしたとも報告されている。知識や技術、財産権や儀式に関して老人の役割が有用な社会では、老人の地位が高かったといわれる。しかし一方で、伝統社会における老人の権威とは神話にすぎないともいわれる［Thane 2012:10］。食料不足に直面したコミュニティにおける老人殺しの人類学的事例は珍しいものではないのだ［Minois 2010: 42-49, 460］。老人殺害あるいは遺棄などは、ある社会が直面した過酷な環境への適応の問題としても解釈されてきた。そこで、シモーヌ・ド・ボーヴォワール［2002］は、老人の運命は社会的状況によるものだと結論づける。ある社会集団は、その集団の価値観や経済的水準によって、集団の存続に役に立たない老人の運命を決定し、老人はその処分に従うしかないと述べるのだ。

ソフォクレス［2008］の『コロノスのオイディプス』で、コロノスの老人たちは、「老年は神からの最後の呪いであり、あらゆる不幸が老年へしがみつく」と歌う。ホメロス［1995］の『イリアス』では、王プリアモスが、アキレウスと戦おうとする息子へクトルをやめさせる。そして、戦争で死ぬという姿は若者には似つかわしく美しいものであるが、戦争で死んだ老人は何にもまして悲惨な見苦しいものとなると訴える。若さがそれだけで美しいものと見なされ、一方で老衰を嘆息するというのは、現代社会のみに見られる態度ではないのだ。

文化人類学者や民族誌研究者が世界各地でフィールドワークを行う際の最も力強い協力者は、「老人」であったが、「老年」は人類学領域において、本格的な研究対象とはされてこなかった。片多順［一九八二］は、老人は調査地の歴史や文化についての豊富な知識を持っているだけではなく、仕事に追われず、調査者を歓迎することができる、文化人類学者の「古くて親しい友人」であるとも表現している。人類学者たちは、老人を通じてある文化に関するあらゆる知識を蓄積してきたのだ。しかし、文学作品の主人公とされなかったのと同様に、老人は人類学的研究の本格的な対象とはならなかった。

「文化とパーソナリティ」という人類学にとって古典的なテーマをめぐる議論においては、誕生から成人になるまでの社会化過程、つまり、人間が「文化的パターン」にふさわしい存在となる過程に焦点が当てられた。ここでは、「文化とは思考と行動のパターン」であるという観点から、その構成員の社会化過程を主な関心事として扱っている。それゆえ、老年は自ずと本格的な議論の対象とはされなかった。日本人論の源流とされる『菊と刀』の執筆過程でも、ベネディクトが、日本人独特の思考や気質を解明するために、アメリカに居住する日本人高齢者たちへインタビューをしたことが知られている。しかし、『菊と刀』において老人は重要な情報提供者ではあったものの、本文中に「老年」について記述された部分はほとんどなく、むしろ子供の成長過程が詳細に描かれている［ベネディクト 二〇〇八］。

あらゆる社会には、親族用語が存在するのと同様に、年齢用語（age term）が存在する。古典的な人類学的エスノグラフィーにおいて、「年齢体系」は重要な社会分化の指標として、また、部族社会の社会構造を把握するための重要な枠組みとして認識された。それだけでなく、社会人類学の古典 *The Nuer*［Evans-Pritchard 1969］では、ヌアー族の年齢組体系がその社会における領土体系や血縁体系と緊密につながっており、構成員たちの社会的地位や義務、行為を規制する重要な要因として記述されている。しかし、年齢体系に関する人類学的な関心は、全年齢段階に公平に向けられていたわけではなく、成人男性に偏る傾向があった。年齢体系が成年男子の軍事組織に誤解されてしまうこともあったほどであり、このような関心の偏りの中では、当然老年期の経験はあまり注目されなかった。

The Tiwi of North Australia では、ティウィ（Tiwi）社会における老いの最後、すなわち、自分で自分自身の世話をすることができなくなった老婆を、人びとが頭だけ出した状態で地面に埋める様子が描写される。そして、埋められた次の日に、人びとがその死を確認し、自力で抜け出せなかったその「自然死」を哀悼する場面が記述されるのだ［Hart and Pilling 1960］。しかし、老婆の死は、この死に関与する社会的関係から、ティウィ社会の謎めいた親族体系を理解するための事例とされ、老人の運命が注目されることはなかった。それゆえ、老年人類学の先駆的作業といえるレオ・シモンズの *The Role of the Aged in Primitive Society* が発表された一九四五年以後、人類学における老年研究には事実上の空白期間があったとも論じられた［Clark 1967: 55］。

一九七〇年代以降、人類学における老年研究が本格化されるとともに、高齢者施設や引退村といった「老人の空間」は人類学的老年研究の主なフィールドとなる。「老人の空間」は、社会的行為者としての高齢者の日常的な実践や相互作用を参与観察するのに適当な、規模が小さく比較的閉鎖的で同質的な社会として認識され、老年のサブカルチャーやアイデンティティに関する研究の主たるフィールドと見なされた［片多 一九八一：三七七］。特に、老人ホームや老人病院のようなインスティテューションは、老人たちが支配的な文化的価値を演じるソーシャルドラマのステージ［Tsuji 1997］として議論された。

老年は老いに伴うあらゆる喪失、つまり子供の独立や仕事からの引退、配偶者や友人の死、身体的老衰による移動力の減少などとともに、生活空間が縮小される時期として議論されてきた。それとともに近隣の環境の変化にさらに敏感になるという観点から、高齢者の日常におけるコミュニティの意味やそこに見られる高齢者文化の特徴に関する研究が行われた。引退村に関する研究の中でジェリー・ジェイコブズ［1974］は、主な活動が家内に限定されている大部分の居住者を「インヴィジブル・マイノリティ（invisible minority）」と呼ぶ。このような議論は、老いていることの同質性を基盤にした、老人の空間における仲間意識に着目する研究へとつながった。そして、あらゆる喪失や主流社会からの疎外という共通の運命（common fate）の前での仲間意識（we-feeling）［Keith 1977］、「平等の文化」［ジョン・ジンウン 2012］が議論される。

以上のように、「老人の空間」に関する人類学的研究は、中流社会から離れている老人の空間における、未来志向的な競争社会と差別化される老人の文化やアイデンティティの特徴に着目した。しかし、「老人の空間」は彼（女）らの本来の生活世界からは離れている空間であり、そこでは彼（女）らのアイデンティティや歴史は共有されていない。特に、施設や病院などは、その場にふさわしい態度が要求される空間であり、「老人らしい老人」として存在させられる空間でもある。

引退後の新たな生活基盤として「老人の空間」が想定されてきたことは、現代社会において老年期の人びとが置かれている脆弱性そのものを表すものである。また、本書のように、住民の長年の生活の場であると同時に、彼（女）らが根を下ろしているその場、その生活世界が「老人の空間」として議論されることは、ある意味、高齢化という人口現象がいかに広範な社会現象となっているかを示す。今の高齢者集団は、多くの同年輩の人びとともに人類史上類のない超高齢社会を生きる新世代であり、超高齢化という未知の現象をともに経験している同時代人であるのだ。

2−2　パラドックスな存在としての老人

長年の間、近代化はあらゆる社会における老人の地位を低下させたと論じられてきた。それにもかかわらず、老年が本格的な研究対象として注目されたのは、近代化とともに高齢人口が増加しはじめてから後のことである。現代社会において、高齢化が広範な社会現象となり、国家の主要な関心事として議論されたことは、これまで見られなかったことである。老年への学問的な関心もそこから始まった。そのため、老年学は「産業社会の子」であるとまで表現された［Fry 1990: 135］。総合科学としての老年学（Gerontology）は、第二次世界大戦後、アメリカを中心に発達した。ここでは、あらゆる社会・文化には年齢にふさわしい行動を制限するソーシャル・クロック（社会的時計）が存在するという問題意識から、多様な社会・文化における老いの経験に関する質的研究が本格的に蓄積される。一方、人類学的な比較文化研究を通じて、老化や老年の経験は、社会的・文化的文脈に応じて非常に多様であるという事実から、「社会的老化」に対する問題意識が深められた。近代的産業社会における老年の経験に関する言説のほとんどで、年齢差別の構造的問題が批判され、高齢者は「社会的な弱者」として議論された［Brown 1990 / Posner 1995］。しかし、「近代化に伴う老年の社会的地位の下落」とは一般化されないものであり［Foner 1984］、ある意味、今日の高齢者は、経済的にも政治的にも最も富と権力を持つ集団でもあるともいえる。

日本における住宅所有の面で高齢層を特徴づけるのは、大量の住宅資産である。「平成二五年住宅・土地統計調査結果」から、家計を主に支える者の年齢階級別の持ち家率を見ると、七五歳以上の高齢者の持ち家世帯率は八一・五％に達しており、世帯全体の六一・六％に比べかなり高い(9)［総務省統計局二〇一三］。高齢者関係給付が社会保障給付費に占める高い比率は、「若者が弱者となる社会」や「若者の居場所のない社会」という近年の若者が置かれている状況とは非常に対照的でもある。

しかし一方で、ＮＨＫスペシャル『老人漂流社会　〝老後破産〟の現実』（二〇一四年九月放送）は一人暮らしの高齢者が六〇〇万人に達する中で、年収が生活保護水準に満たない人が半分であり、その中で生活保護を受けている高齢者はわずか七〇万人であると報告する。それは普通の都市高齢者がいかに「老後破産」に追いやられるのかに関する報告であった。その記録は『老後破産――長寿という悪夢』〔ＮＨＫスペシャル取材班 二〇一五〕というタイトルで出版される。また、『現代思想』二〇一六年二月号は「老後崩壊」を特集して、下流老人、老老格差、孤独死、年金問題を扱う。

高齢者の住宅状況は、それ以外の年齢層と比較すれば持ち家率が高いものの、世帯構成によって大きく状況が異なる。すなわち、子や孫と同居する高齢者の場合は持ち家率が高く、良好な居住環境にある一方、単独世帯や高齢者夫婦などでは公営や民営の借家に住んでいる割合が高い〔日本住宅会議(編) 二〇〇九：六八〕。高齢者の持ち家比率は他世代のそれを圧倒するが、住宅関連の階層化は高齢期に最も拡大されるのだ。つまり、今日の高齢者は、身体的な老衰と同時に社会的老化を経験する「社会的な弱者」であると同時に、「政治的・経済的な権力集団」でもあるというパラドックス的な存在であるのだ。また、老年はジェンダー、資産、健康状態などによる多様な分化がどの時期よりも増大する世代である。老いの前での「平等」ではなく、老いの前での「格差」がさらに目立つのだ。

片多〔一九八一：三―四〕は『老人と文化』で、老人の絶対数や全人口に占める比率がどんどん増加しているのに、社会体系や価値構造がそれに追いついていないと指摘した。しかし、それから四〇年近くの時間が経過した今日の事情は異なる。老年期の移住や高齢者介護に従事する移住労働者の居住空間〔Lim 2015〕に関する最近の研究にも見られるように、老年の経験とは、グローバル化の影響の中で、以前には経験したことのない多様な形態で展開されている。人類がこれまで経験したことのない高齢社会において、老年をめぐるさまざまな事柄は、最も先端的な社会現象であるのだ。ヨナス・ヨナソンの小説『窓から逃げた一〇〇歳老人』〔2012〕の世界的な人気からも「老人像」の変化が感じられる。スウェーデンの老人ホームで一〇〇歳の誕生パーティーを目前にしたアランは、窓から逃げ、大金の入ったスーツケースを偶然手に入れて、新しい仲間たちとの冒険が始まる。ギャングや警察に追われながらも、本人は「なるようになるさ」という態度で、爆弾専門家としての一〇〇年の人生を物語る。若さをうらやんだり老いを恨んだりせず、痛い膝を引きずりながら、若者の専有物としての冒険や愛の主人公となるのだ。そこからは、主流社会からの疎外ではなく、むしろ主流社会の秩序からの解放感が感じられる。

2-3　超高齢社会における自立の意味

原著が一九七五年に出されたアードマン・パルモアと前田大作の共著『お年寄り』は、日本をフィールドにして日本とアメリカにおける老人の経験を比較した研究である。パルモアは、アメリカの老人の多くは自分の年齢を恥じて隠そうとするのに対して、日本の老人は長寿であることを誇りにしており、日本の伝統文化は産業化の力に打ち勝っていると記述する。パルモアは、日本には、産業化の影響にもかかわらず、伝統的な敬老精神が、老人の地位を維持させる原動力として残存していると分析し、社会統合的な日本の老年を描いた。彼はまた、日本の老人の活動性、健康、生活満足度が互いを強め合うと分析した［パルモア・前田 一九八八：一六九］。しかし、パルモア自身が改訂版の序において明らかにしたように、『お年寄り』における分析は日本の老人像をあまりにもバラ色に描いており、日本の老人が抱えている諸問題を無視していると批判された。

『お年寄り』以外にも、アメリカと日本の老年に関する比較研究が本格化された一九七〇年代以後、日本社会における老年の経験はアメリカ社会におけるそれより、社会統合的なものとして記述されてきた。ツジ・ヨウコ［1997: 157］は、一九七〇年代後半のフィールドワークを記述する中で、アメリカの日常生活における老いに対する否定的な態度や高齢者の周縁性は、カルチャーショックであったと述べる。そして、アメリカにおける老人の低い地位は、老人が、自立、生産性、強さのようなアメリカ社会の支配的な価値とは正反対な存在として位置づけられているからではないかと分析する。

しかし、「社会統合的な日本の老年」という四〇年余り前のパルモアと前田の分析は、今の私たちにはなんとも耳慣れないものである。日本の高い親子同居率は、家族の中で老人の地位や役割があることとして解釈されたが、日本では、単独居住より親子同居の環境で老人自殺率がさらに高くなることが知られている［上野正彦ほか 一九八二］。高齢人口の増加により、老年への関心はかつてなく増大しているが、現代社会の最も普遍的な現象は、「老化」を否認し、拒否することである。「老人」というラベリングが持つ否定的な意味を避けるために「シニア」「シルバー」のような言葉に代替する傾向も、現代社会ではよく見られる。特に「老人」という言葉は、階級的な否定的含意を強く持っているという辻正二［二〇〇〇］の分析は、私たちの日常的な経験をそのまま反映している。ここでの階級的含意とは、「自立」していない高齢者を総称するのであろう。

アメリカ社会における老年の経験に関する研究として、藤田真理子［二〇〇三］は、高齢者センターや高齢者対象のプログラムに参加する高齢者たちが自分のライフヒストリーや日常生活について話をする時、頻繁に使う言語を分析する。そこから、アメリカにおける高齢者の生きがいの源泉として「自立」を位置づけ、「高齢者の一人暮らし」がアメリカでは自立のシンボルとして高く評価されること、一方、日本ではとかく否定的なイメージとしてとらえられがちであることを比較し、「自立」の意味の文化的相違を指摘した。

しかし、高齢化が急速に進み、高齢者を取り巻く日常的な生活環境も急変したことで、「自立」の強調は、もはやアメリカの文化的特徴とはいえなくなった。高齢化や家族の解体が進む中で、持続可能な公的福祉を目指すあらゆる社会において、「自立」は普遍的に追求される望ましい老年のあり方となっている。特に日本の介護保険の事例のように、高齢者福祉をめぐる政策的な変化によって、この傾向は最も顕著に表れる。介護保険の見直し案（二〇〇六年施行）は、「介護の必要な高齢者」を減らし、「自立して生活する高齢者」を増やすという政策の方向性を端的に示しており、近年の高齢者福祉の世界において、高齢者の「自立」とはあたかも実体があるかのごとくに物象化され、宣言されている［川床 二〇一三］。

桐ヶ丘団地の住民たちは、「ボケないように」という言葉を冗談半分の口癖のようにしていた。彼（女）らが老化現象の中で最も恐れていることは、自分自身に対する統制能力を失うことのようであった。現代社会において、「自立」とは老年の文化的理想でもあり、内面化された望ましい生き方でもある。日本社会においては、迷惑をかけることに対する懸念(10)［岩本 二〇〇七］により、自立することはさらに重い意味を持っているように思われる。

では、高齢社会における高齢者の自立とはいかなる社会的・文化的な意味を持つのだろうか。常に対立的な概念として提示される「依存（dependency）」と「自立（independence）」の意味は社会構造や歴史的変化によって異なり、社会の階層化や規範を正当化するのに寄与してきた。産業社会においては、自立の概念は新たに登場した「市民」や「賃金労働」の概念と結びつき、依存は恥ずべき状態として位置づけなおされたのだ［Fraser and Gordon 1994／高橋 二〇一三：一九三―一九七］。

それと同時に、「家族手当」という名称でも示されるように、産業社会における個人の自立の問題は「家族」を単位とするものでもあって、自立と依存の問題は家族に任され、家族内に閉ざされていた。マーサ・ファインマン［二〇〇九］は、家族が市場で自立できないあらゆる依存的な存在の受皿となる究極のセーフティネットと見なされてきたことを指摘し、家族制度を通じた「依存の私事化（privatization of dependency）」を批判する。アメリカ社会においてはその資本主義的な性格から、社会的財貨の分配は家族が義務を怠った場合に限ると見なされ、家族構成員のニーズに応えられなくなった（逸脱した）家族に対して、国家はスティグマ（社会的烙印）を伴う支援を提供することを批判するのだ。また、鎌田とし子［二〇一一］は、日本における福祉はいかに家族に頼ってきたかを究明する。日雇い労働者階級における著しい家族崩壊、子供と同居できない老人の実態など、貧困現象は現実的には家族集団を単位として表れる。そこで鎌田は、働く者がその他の家族の生活を維持しなければならない扶養共同体としての家族規範や、相互扶助機能が発揮できない場合は生活困窮に陥る「世帯単位主義」を批判する。

家族とは、個人の経済的な依存の状態を隠してくれる最後のセーフティネット、経済的な拠りどころとしてのみ存在したわけではなく、身体的依存の状態までをも隠す役割を果たしてきた。最近、高齢者の「自立」の問題が活発に議論されるのは、高齢者の日常的な拠りどころとしての「家族」が崩壊し、もはや私的領域での非公式的な依存が不可能なものとなっているためであろう。産業構造の変化や家族構成の多様化、家族の解体に応じて、「自立」も個人化している。迷惑をかけてもいい範囲が同居の家族内に限定されたこと〔岩本 二〇〇七：二二五―二二六〕を家族主義とするならば、「子供や家族に迷惑をかけたくない」という最近の高齢者の態度は、その家族主義がさらに深化して、アトム化していることを示す。自立は、普遍的に追求すべき生き方であると同時に、アトム化された個人が当面する課題となっているのだ〔朴 2015: 184-186〕。

2-4　現代の死

老年は人生のいかなる時期よりも多様性が増大し、老いの前で「格差」はさらに際立つものになると述べたが、老年は死に近い存在という不可避な生物学的普遍性を持つ。桐ヶ丘団地において、居住者の死により空き家ができるのは日常的な出来事であり、身近で孤独死を見聞した住民に出会うのも稀ではなかった。老いの議論が死の議論へとつながるのは、ある意味、当然な流れであるかもしれない。

ボーヴォワールは『おだやかな死』〔一九九五〕において、自分の母の死をめぐる経験を告白する。

一方的な延命治療に反対してきたが、母親に迫る死を彼女へ知らせることもできず、母の癌手術を拒否することもできなかったこと、そして手術で何日か命を延ばしたことを感謝すべきかどうか、わからなかったという家族としての心境を語ったのだ。ボーヴォワールはここで、病院が死の領域を専有している今日、死に近づく過程が「治りにくい病気」のように扱われ、「死」そのものがいかに隠蔽されているのか、そして死にゆく者と彼（女）とのコミュニティは、死に至る過程ではいかに無力な存在として排除されているのかを描いた。

エリザベス・キューブラー＝ロス［2008］は、子供の頃に目撃した農民の死を思い出す。死んでゆく者が家族に囲まれ、この世を去る瞬間まで家族たちと悲しみを分かち合っていたことを回想し、子供をも含む哀悼の経験から、死を生の一部として受けとめることができたと述べている。彼女は臨終に向かっている人びととのセミナーから、死にゆく人は死そのものではなく、死に伴う絶望感、無力感、疎外感から苦しむのだと述べる。そして、「死」や「死んでゆく」という言葉を喜んで使うことこそ、セミナーに参加した人びとが最も歓迎したものだと記述する。

ノルベルト・エリアス［2011］の洞察のように、現代社会のように迅速で衛生的に処理される死は、歴史上類のない死のありようである。現代人の感覚に深く刻まれている清潔や衛生への強迫的感覚は、さらに死を回避し、隔離しようとする。このような態度から、生物学的な死に先立って、社会的な死が引き起こされる。それは、「生きている者」と「死んでゆく者」の間で発生する社会的関係の問題であるのだ。人びとは歴史上最も豊かな生活、そして、長寿を享受している。しかし、死にゆく過程は医学的経験として変質させられ、死の過程はますます恐ろしくて馴染みのない、不自然な事柄となっている。

死の歴史に関するフィリップ・アリエスの研究は、現代的な死の意味、そしてその特徴を一層明確に提示する。アリエス［1997］は、ヨーロッパの中世から現代までの約一〇〇〇年にわたる死の迎え方、葬礼、遺言、死後のイメージ、追慕などの起源や変遷を、数多くの図像、遺言書、墓碑銘や文学作品によって探り、一八世紀末以降墓地が都市から追い出されていく過程は、死が日常から追い払われていく過程でもあったと語る。彼は死にゆく者をめぐる「社会的な表現行為」に注目して、人の死は決して個人的なものではなく、家族を超えてコミュニティに開かれているものであったと強調する。すなわち、一九世紀末までは日常性、単純性、公開性が普遍的な死のあり方であったが、二〇世紀に入ってから、死に対する態度に前代未聞の根本的な変化が発生する。アメリカから始まり、ヨーロッパの大都市に広がっていったこのような態度を、アリエスは「タブー視される死」と命名する。あえて死者の名前にさえも言及しようとしないほど死を拒否し、忌避する今日の「合理的」思考こそが、まさに現代性（モダニティ）であるというのだ。

死をめぐるこのような広範囲な認識の変化は、日本の社会にも共通して現れる。日本社会における死の隠蔽、死の個人化、死の脱神秘化に関する研究は、死をめぐる儀式の変化、墓の変容に関する民俗学的研究によって深化されてきた。新谷尚紀［二〇〇六：三三一―三四］は、死により肉体から霊魂が遊離すると見なされてきたのとは異なり、個人の生命の終焉として考えられるようになってきたこと、すなわち「霊魂」から「生命」への認識の変化によって、死霊をめぐる恐怖や、死穢や忌みの感覚が稀薄化していることを指摘する。また、関沢まゆみ〔2013: 292〕は、日本の高度経済成長期を起点に病院が死の領域に介入してきた一九六〇年代以降、死霊に対する恐怖観念が薄くなる現象が広範囲に起きたと指摘する。そこから葬送儀礼の大きな揺らぎや、霊魂観の複雑な動揺を見出すのだ。

死に関する感覚の変化は、葬儀や墓の変容にもつながる。家族のあり方が変わることによる、脱家現象や脱継承などの墓の変容は、当然のことであろう。それらの社会的変化を踏まえて、墓の性格が、尊敬性、永続性、固定性から、個人化（individualism：脱家現象や脱継承）、無縁化、遊動化されていく。さらには、「直葬」の増加、孤独死の現場で死の痕跡を抹消する特殊清掃業の登場、自身の遺品整理を死ぬ前に予約する人びとの増加といった現象が起こり、日本社会で死をめぐる儀礼や関連する事柄がいかに急激に変貌しているのかを示している。

いわゆる孤独死とは、近代社会において「特定の領域」に閉じ込めようとした死が、異臭とともに日常を侵犯する現代的な死の「転倒」であり「退化」である。また、「マイホーム」という私的空間で一人きりで迎えた死は、個人主義（アトム化）の極限であり、それと同時に死の問題はまさに生の問題であるという省察を導く。本書では、孤独死に至る孤独の問題を近代的空間支配の問題とし、特に住居空間に焦点を当てて、議論を続けたい。

3 住まい

3-1 人類の住まい

人類学における空間研究は、日常生活が具体的な空間を媒介として営まれるという積極的な認識のもとで、各文化圏における空間利用方式、または空間を媒介したコミュニケーションの方法の相違に関する比較文化的な関心から始まった。エドワード・ホール［1966, 1990］は、人びとが空間を使用する方式、すなわち、人間が空間を構造化し、認識する時の文化的影響を「プロセスミックス（proxemics）」という用語を用いて観察する。プロセスミックスのパターンを探ることから、知覚世界の構造を決定する文化的な枠を究明したのだ。ここでの空間とは、「非公式的な文化体系」としての空間であり、異なる文化の間でのコミュニケーションが試みられる空間であった。

空間研究は、すべての生物が空間の中で構成され、また、空間を構成するという生態学的関心とも緊密である。高等な動物であるほど、空間構成は象徴的・社会的な属性を持つ。人間の住まいにとってそれは圧倒的なものである［Rapoport 2002: 467-470］。住まいの普遍性こそ「住居」に関する人類学的関心の根底にあるものである。人類学的エスノグラフィーの一節においては、当該フィールドの地理的・生態的環境や日常生活が営まれる住まいに関する記述が欠かせないものとなってきた。人類学的フィールドワークの過程において、「住まい」は生態的適応の問題をはじめとして、ある社会の歴史や宗教、芸術的な感受性、政治的・社会的な関係を含む総合的な文脈の中に位置づけられてきた。特に非産業社会における社会構造、日常的な社会関係に限らず、先祖との絆、霊的存在、超自然的な存在との濃密な関係［清水 二〇〇五］が、いかに住まいに宿っているのかが追究される。

自然環境に適応して霊的存在と共存する空間としての「人類学的住居」は、マルティン・ハイデッガーの「森の農家」［二〇〇八］や、ガストン・バシュラールの「夢想の家」［二〇〇二］のような現象学的なアプローチによる「家」と親和性を持つ。『空間の詩学』に描かれた夢想の家とは、地下室や屋根裏部屋を持つ豊富な想像力に満ちた内密な空間であり、安定性を与える諸イメージの総合体としての少宇宙（microcosmos）である［バシュラール 二〇〇二：六五―七九］。バシュラールの家は特権を与えられた空間、ひいては神聖で宗教的な空間、母性的で宇宙的な空間であった。それはハイデッガーが示した大地と天と神と人間（ハイデッガーにとっての人間存在の四つの本質的な局面）を敬うシュヴァルツヴァルトの農民の家のイメージにつながっている。現象学的アプローチから居住することの本質的意味へ近づくと、家は、世界の中心としての安らぎの空間であり［Bollnow 2011: 164-173］、安定感の基盤であり、アイデンティティの根源である［ノルベルグ＝シュルツ 一九九一：一三］。

場所に関する現象学的な議論は、居住の意味をさらに明確にする。特定の場所に深い精神的な愛着を持つことが「場所感」であるならば、住居は「場所感」の基盤となる。「住まうこと」は実存の本質的な特質であり、人間の場所へのつながりは住まいに存するのだ［Heidegger 1927: 42-43／ノルベルグ＝シュルツ 一九九七：三六―三七〕。「住まい」は人間存在の根源的中心であり、「生けるもののすみか（dwel-ling place of beirg）」としての場所であるのだ〔エドワード・レルフ一九九一：一〇三―一〇五〕。それゆえ、建築（建てること）と居住（住まうこと）は分離されないものであり、建築とは人びとが世界の中で「実存的土台（existential foothold）」を与える可能性を提供するものである〔Norberg-Schulz 1980〕。

このように、住まいに関する人類学的・現象学的なアプローチは、人間にとって家とは何かを根本的に問う。それは、いわゆるグローバル・スタンダードを目指す近代的都市における人と住居との相互構築過程がいかに一方的であったのかへの批判でもある。ハイデッガーは、「住まうこと」と「建てること」は二つの異なる活動ではないと強調する。住まうことは、死ぬべき者がこの地上に存在するあり方であり、建てることとは、住まうことの単なる手段や方途ではなく、それ自体ですでに住まうことであると、戦後ドイツの住宅供給過程における技術至上主義を批判する。彼は、人間がこの地上に存在する方式としての居住、人間存在の本質としての居住はもはや存在しないと、「居住の貧困（plight of dwelling）」を嘆息する。そして、家を喪失することが、世界の運命になり、現代人は「家なき存在（homeless being）」になったと述べる〔ハイデッガー 二〇〇八：六―一二〕。バシュラール〔二〇〇二：六五―七九〕は、根をもたない都市の家は、宇宙のドラマを知らない、夢想できないものだと、積み重ねた箱の中に人びとが住んでいる大都会には家がないと語る。ヴァルター・ベンヤミン〔2005〕は、交換可能な建造環境、機械的に複製可能な都市景観がもたらす現代都市の「居住の減少」に注目し、新たな居住現象やその可能性として、ホテル生活のように透明で、遊動的な居住経験をとりあげる。

住居が「商品」となっており、一生の「わが家」がもはや存在しえないというのは、現代社会における支配的な住居経験である。しかし、住居の商品化が圧倒的であっても、依然として住居は居住者の「持続的な日常生活の場所」として存在する可能性を有する。本書でとりあげる桐ヶ丘団地がまさにそうであるように、近代の住居が国家政策と資本の制約に縛られており、日常的実践がその空間の支配に圧倒されているにもかかわらず、住居の経験とは空虚なものではない。住居は極端に商品化されているが、それと同時に「商品」としてだけではとらえられない生活世界そのものでもあるのだ。

3–2 住居の社会的な意味

空間に関する人類学的関心は、空間がいかに社会構造を反映するのか、空間がいかに社会構造の再生産に寄与しているのかという問題意識を深めてきた。空間やモノの配置、その中での日常的実践を記述することで、社会構造と空間構造の再生産の過程を考察したのだ。

現代日本の住宅に関する先駆的研究者である多木浩二［一九七六］は、「住むことと建てることの一致が欠けた」現代住宅に対する現象学的議論を深化する一方、イデオロギーの産物としての現代住宅のありさまを批判的に議論する。今日では屋根を葺く素材も少なくなり、共同体も解体しており、民家を成り立たせる条件そのものが社会的に消えていることを指摘する。しかし彼は、社会的に制度化され、イデオロギー化されている家は、やすらぎを与える民家のようなイメージとは異なるとしながらも、そこに生きられることによって生じる社会的意味、その集合的経験に着目する。家は社会的・文化的構造そのものだという認識を積極的に打ち出し、社会的事実としての「家」の意味を明確にするのだ。このような問題設定の中で、住宅は、家庭を基礎とするデモクラシー思想の浸透、労働力の再生産に関する公的介入と計画、消費に関わる技術の開発という社会変動の中で形成されてきた、歴史を記述するための素材として位置付けられる［祐成 二〇〇八］。

日本の建築計画学の祖の一人とされる西山夘三は、一九四一年に住宅営団に所属し、毎年更新される住宅営団の建設基準平面図のための基礎研究を行った。そして、大量の「住み方調査」を通じて、どんなに狭小な住宅であっても、食べる空間と寝る空間を分ける傾向があるとし、「いくら狭くても食寝分離」の実行を主張する。大月敏雄［二〇一五：八〇―八四］は、西山の「住み方調査」は、庶民の普通の暮らしを、大量調査によってあぶり出すという意味で、「暮らしの中の普通」を追求する画期的な調査であったと評価する。そして、建築計画学とは現実社会の中で普通に行われている人間の暮らしのパターンや癖のようなものを理解し、その中にある種の法則や因果関係を発見し、それを新たな建築設計にフィードバックしようという学問であると論じている。

「普通の暮らし」のとらえ方という課題は、建築計画学において最も重要なテーマとなってきた。戦後日本の住宅規範「ｎＬＤＫ」の前身であると評価される公営住宅の標準型「51Ｃ」（後述）も、日本人の住生活に関する質的な研究を通じて計画されたものであった。「51Ｃ」を設計した研究室の一員であった鈴木成文［二〇〇六：八三―一〇九］は、「51Ｃ」の設計に先立った住生活調査があって、一九四六年から狭小・過密な民家の生活実態、家具の配置や住人の動きなどに関する詳細な調査が行われたと強調し、そこから「食寝分離」や「寝室分離」の実態を調査したと語る。

以上のように、建築計画学や住居学のような学問領域において、住居に関する研究は日常生活世界に対する総合的な関心をその基盤としてきた。しかし一方では、大月［二〇一五：八〇—八四］が指摘するように、建築学の実学的側面から、住居に関する研究は国家的・社会的要請から独立できないものでもあった。生活改善運動などで、真っ先に住宅が「改善」と「善導」の対象となったのも、その証拠である。労働者家族の住宅問題が国家的急務として位置づけられた時期に、「普通の暮らし」への関心はその「標準」を探る過程につながっていた。そして、近代的で大規模な住宅計画は、それが日常生活に関する繊細な調査から出発したものであったとしても、住居がその地域の土着性と歴史性、場所性から分離されていく過程であった。

一九二三年の著作 *Vers une architecture* における「住宅は住むための機械」というル・コルビュジエの宣言は、最も衝撃的で魅力的に近代建築思想を表現するものであった。標準化と合理化による機械としての住宅、均質的な機能と効率を果たすグローバル・スタンダードとしての住宅への理想は、住宅の大量生産のための欠かせない条件でもあった［Le Corbusier 2002, 2004］。標準化による住宅の大量生産は、労働者住居の供給や改善が急務であった近代都市における唯一の解答と見なされ、戦後の都市再建のための思想的な基盤となった。

居住空間の社会的意味は、産業化以後に出現した近代的な居住空間でいかにこの空間にふさわしい諸実践がなされたのかに関する研究を通じてさらに深化される。ブルデュー［1995: 120］は、一九六〇年代のアルジェリアのアパートに関するフィールドワークから、近代的なアパートとは実践体系の一要素であり、居住者に特定の生活様式、つまり近代的実践にふさわしい「ハビトゥス」を要求することを観察する。近代的な住居にはその空間が要求する生活様式が刻まれており、家族の新しい関係、子供の教育への新しい考え方、新しい家族経済が要求されるのだ。建築家の山本理顕と上野千鶴子の対談［上野千鶴子 二〇〇二］で、山本は、空間的配置こそが家族を定義するものだと住居の意味を明確に提示する。さらに上野は、住宅とは家族規範が空間化したものであり、裏返せば空間化された家族規範を住宅と呼ぶことができると表現する。したがって、現代社会における家族主義や個人主義への疑問は、近代住宅の空間的な制約、特に私的空間と公的空間の徹底した分離がもたらす諸問題の批判へとつながるのである。

3-3　コミュニティと公共性

「コミュニティ」は社会学的思想の中で最も広範に影響を及ぼしてきた概念の一つである。コミュニティ理論の本格的な社会学的議論の系譜は、フェルディナンド・テンニエス（一八五五～一九三六）から始まる。コミュニティに関するテンニエスの議論は、都市化により、伝統的な農耕社会の安定した社会関係や一次的な信頼関係が崩れ、ヨーロッパ社会がゲマインシャフト（Gemeinschaft）からゲゼルシャフト（Gesellschaft）に移行する現象を分析することから出発した。しかし、ここで移行とは、ゲゼルシャフトの出現によって、ゲマインシャフトが消滅させられることを意味するわけではない。テンニエスのコミュニティ議論で改めて注目すべきことは、現代社会が分化するほど、人びとは、ゲマインシャフト的な価値を回復させようとするという主張である〔Tönnies 1957〕。

テンニエスの議論を継承しつつ、ロバート・ニスベット〔1990〕は、コミュニティとは、心理的な一体感や道徳的結束力に基づく、政治的抑圧から自由な協同的市民社会だと定義する。現代社会の道徳秩序を回復するうえでコミュニティの役割を強調したのだ。一方、公共哲学に関する本格的な議論を導いたマイケル・サンデル〔1982: 148-150〕は、コミュニティ意識や連帯感によって結ばれているということは、自分のアイデンティティがある程度はコミュニティによって決定されると思っているということを基盤にしていると述べた。コミュニティのメンバーが共有するアイデンティティは、時間的な連続性、その歴史性に基づくものである。それは、個人主義と共同体主義がいかに共存しうるかを議論するための基盤となるだろう。

団地の長い歴史の中でそこに根を下ろしている地域コミュニティは、桐ヶ丘団地の暮らしを記述する際に最も重要なテーマとなる。しかし一方、現代人は「ある程度の距離は保つ」匿名性に慣れており、匿名性のある状況とは気楽で心地のいいものでもある。また、心理的一体感、道徳的結束力、歴史性によって共有するアイデンティティに基づくコミュニティの概念で、「エレベーターで会っても挨拶の返事もしない」、現代の集合住宅における「孤独」の問題に実践的に向き合うには限界がある。

ここで「公共性」の概念を念頭に置くなら、その概念が持つ開放性のために、より広い範囲の関係を議論することが可能となる。齋藤純一［2009: 27-28］は、コミュニティがその成員の情念が統合するメディアになるとすれば、公共性の空間とは、献身や帰属性、同一性の空間とは対照的な、多様性や差異を条件とする空間であることを説明する。コミュニティが閉じた領域をつくるのに対して、公共性は「開かれている」空間を創出し、さらには他者の生や生命への配慮や関心にもつながる。

公共性の議論において、共同の空間はその核心である。近代建築思想への批判も共同の空間としてのストリートの不在に関する問題意識から始まった。一九六一年に出版されたジェイコブズの『アメリカ大都市の死と生』は、近代建築の理想、機能主義的で近代的な都市計画の強力な潮流を批判するアーバニズム議論の出発点と称される。ジェイコブズは、戦後アメリカのスラム街での大規模再整備事業が、既存の都市組織（urban fabric）、つまり社会的ネットワークをいかに破壊したかについて批判し、隣りどうしの持続的な連結網としての町の小さな街路こそが、安全で活気ある都市生活を保障すると主張する。活発なストリート・ライフが存在することで、ようやく豊かな都市生活が可能になるというのだ。ストリートへの関心は、互恵性と信頼が蓄積される公共生活の自然な拠点、近隣との多様な接触の豊かさ、隣りどうしの持続的な連結網を読み解く過程である。桐ヶ丘団地建設の最中であった時期にスタートしたアーバニズム議論は、団地の建替えが行われている今日において、さらなる意味を持つ。それはまた、私的領域と公的領域の徹底した分離がもたらすコミュニティ崩壊に対する問題提起であると同時に、「住宅に住む」ことから「地域に住む」ことへの住まい方の試み［大月二〇一四］でもある。

3-4 空間支配と実践、そしてヘテロトピア

ルフェーヴル［2011］は、「（社会的）空間は（社会的）生産物」であるという言説から、空間理論の本格的な認識論的基盤を提示する。ルフェーヴルの空間生産理論は、資本主義社会において空間がいかに支配関係の再生産に関与しているかを明らかにする試みであり、さらには生産された空間を通じて、現代社会の発生起源を探る試みである。政治的・戦略的な関係の総体として、権力と訓育の関係が内包されている空間という問題意識は、最も「私的なもの」と思われがちな住居空間に関しても重要な示唆を提供する。

ルフェーヴルの空間生産論に関する弁証法的論理によると、「空間的実践（spatial practice）」は、空間の経験を通じて規範化された実践を示す。それは日常的であり、それゆえ一貫性と持続性を持つ。言い換えれば、「空間的実践」とは、それぞれの社会に固有な生産と再生産の場所を創出し編成する実践であり、反省されざる実践によって組織される空間ともいえる。「空間の表象（repres-entation of space）」は、空間に関する言説、知・記号・規範にしたがって空間に課された特定の秩序である。すなわち、「空間の表象」の領域は、空間を構造化する知識を持つ専門家により構築された（conceived）空間であり、それは、空間的実践における無意識的な実践感覚と密接に連動する。最後に「表象の空間（representational space）」は、規範化された空間実践を脱し、抵抗的・転覆的で、差異を生産する実践としての、日常的実践が解放される「生きられた」空間領域である。無意識的な「空間の実践」は、

意識的な二つの空間の次元を必ず経由し、この二つの次元を契機として社会空間の編成を遂行する。

ここで、空間支配の意味、またその中での日常の意味を明確にするため、「実践」の位置づけが重要となる。ミシェル・ド・セルトー[1984: 77-99]は、歩行者の歩きという行為が空間を専有する「戦術」に注目し、言語の文法の中で様々な発話方式を通じて自分の物語を語り出すことと同様に、歩行することで地理システムを自分のものにしてゆくプロセスを「歩行者発話」と名付ける。日常的実践、つまり歩行によって既存の権力配置や空間秩序になんらかの操作を加え、ずらしていくことで、権力配置の中にあってそれに反する、流動的な地理が構成されるのだ。

しかし、近代的な都市計画や空間秩序においては、資本の力は圧倒的である。桐ヶ丘団地の事例からも見て取れるように、住民たちは1DKに不満を持ちながらも、やがて1DKにふさわしい生き方へ適応せざるをえず、それ以上の生き方を想像しにくくなる。日常的実践が資本と政治の論理へ簡単に陥ったり、包摂されてしまったりする場面を私たちは常に目撃する。

その意味でルフェーヴルの空間理論における「実践」は参考になる。ルフェーヴルの空間生産理論における「実践」とは、日常的で反復的な活動を通じて社会的生活を構造化する「単純反復的な」実態、実相という意味を持つ。ここで空間的実践は、必然的に連帯をもたらすものではなく、逆に「アトム化」を招きがちなものであり、資本蓄積の土俵となりがちなものである。ルフェーヴルが、「空間的実践」のドラマチックな例として、都市郊外の庶民向け共同賃貸住宅の住民の日常を挙げたのは意味深い。しかし、また一方では、全面的支配が不可能なものこそが日常である。技術的合理主義と資本主義によって操作され、制御されながらも、「日常」は受動性と創造性、順応と抵抗という対立的なものが共存する重層的空間であり、そこから生み出される矛盾と緊張こそが日常に潜在しているのだ。

ミシェル・フーコー〔2014〕のヘテロトピア概念は支配空間、そして、それと同時に存在する反空間の存在様式に関する洞察に導く。空間に関する記述は、権力の歴史に関する記述でもある。しかし、そこには都市計画においては意図されていなかったヘテロトピア〔Foucault 2014〕が共存する。ヘテロトピアが次第に消えて、「逸脱」として規定される場所が増えている。しかし、ヘテロトピアは実在する空間であるがゆえに、他のすべての場所を無化し、中性化しているような「他なる場所」、つまり他のすべての場所に対して絶対的に異なった場所として存在する。それは、支配権力が完全なものではないということを表す空間として存在する反空間（contre-espaces）であり、さらに積極的な意味として解釈すれば「対抗空間」であるのだ。

ベネズエラの首都カラカスに位置する四五階建て超高層ビルの無許可居住共同体「トーレ・デイビッド」[11]〔Brillembourg et al. 2013〕は、「都市の凶物」か、「連帯の象徴」か。「不法占有」か、「住居の権利」か。「反住居」か、「住居の可能性」か。これら共存しえないはずのものが幾重にも積み重ねられるトーレ・デイビッドこそ、居住、または住居の権利とは何かという根本的な問題を投げかけるヘテロトピアとして存在している。この空間を領有した人びとは、トーレ・デイビッドは住居という商品ではなく、生きていく空間であると、彼（女）らのシェルターに対する権利を主張し、連帯する。それは、まさに社会のマイノリティが自律的な連帯で形成する対抗的公共圏であるのだ。

このような問題意識の中で本書では、桐ヶ丘団地という空間に刻まれている空間支配の歴史を遡る。同時に、日常生活の多様な層位を繊細に読み解くことで「空間的実践」の限界と可能性を明らかにしたい。そして最終的には、徹底した住宅計画と官僚制的な福祉制度が支配する空間の中でヘテロトピアの痕跡をさぐることで、近代的都市住居、そのユートピアの夢と窮状（predicament）を議論したい。

4　本書の構成

本書の第I部では、都営桐ヶ丘団地という空間の誕生から現在に至るまでの社会的・歴史的な背景をさぐる。近代日本における家庭の成立から団地族の誕生まで、家族と住居の規範がいかに変化してきたのかを検討し、戦後日本における公共住宅政策の変容過程に触れる。第1章では、家族規範が実践される空間としての住まい、空間を通じて強化される家族規範に焦点を当て、その最も強力な推進力となる国家主導の家族・住宅政策を考察する。また、住居の大量生産における思想的な基盤としての近代建築思想を検討し、「団地ライフ」の意味を明らかにする。第2章では、国民住宅としての公営住宅から議論を始め、戦後の公共住宅政策の展開過程を検討する。住宅金融公庫、公営住宅、公団住宅の三つの戦後住宅政策の制度を検討し、家族中心、持ち家中心となっている戦後の住宅政策の中で、公営住宅が社会的にいかなる空間として位置づけられてきたのかを考察する。

第Ⅱ部では、老朽化の進む桐ヶ丘団地を背景にして、団地暮らしの歩みをさぐる。第3章では、引揚者の臨時住宅地「赤羽郷」から桐ヶ丘団地の誕生までをたどり、地域自治会を中心に地域に根を下したコミュニティの歴史を振り返る。桐ヶ丘団地は定住志向が強い空間であり、入居当時の喜びを鮮やかに記憶する古い住民たちが共有する歴史こそが団地コミュニティの基盤となっていることに着目する。第4章では、団地内に位置する高齢者介護予防施設、桐ヶ丘デイホームでのフィールドワークから、介護保険制度における「介護予防」が地域でいかに展開され、いかに経験されているのかを考察する。そこから、介護保険時代における「自立」と「地域」の意味を改めて問い直す。

第Ⅲ部では現在行われている建替えに焦点を当てて、高齢化と建替えがともに進むことによる団地暮らしの変容を明らかにする。第5章では、建替えによる移転の流れや自治会の揺らぎを検討する。そこから、「建替えで団地が完全に変わった」という住民の発言の意味を考え、建替えがもたらす高齢住民の社会的孤立の問題をとらえる。桐ヶ丘団地の建替えによる最も大きな変化は、四〇％にのぼる1DKの建設である。第6章では、1DKに焦点をあててシングル時代の住まい、「無縁社会[12]」の住まいのあり方を論じる。そして、「住まうこと」と「建てること」の分離がもたらす「孤独の日常化」を議論する。

団地コミュニティの衰退は「孤独死」の問題において極端に顕在化する。そして孤独の問題は、地域における公共性の議論を促している。このような問題意識から第Ⅳ部では、超高齢社会における「他人」の意味を照らし出す。第7章では、「孤独死が最も怖い」という住民たちの話から、孤独な死の意味を明らかにする中で、現代社会における「自立の神話」を振り返る。第8章では、現代社会における「自立の神話」を振り返る中で、親密な空間としての私的領域、つまり生の領域を自らがコントロールしうる能力としてプライバシーの意味をとらえる。そして、家の境界を超えるケアの絆、そこで開かれている公共の領域に着目する。

第Ⅰ部　団地と家族

第Ⅰ部では桐ヶ丘団地が建設され、現在にたどり着くまでのその歴史的な背景をさぐる。そのために、明治末期以後の「家庭」の形成、昭和三〇年代の「団地族」の誕生過程を検討し、そこで最も重要な推進力となった、国家主導の家族・住宅政策を議論したい。国家主導の政策がいかに家族文化や住居規範を構築してきたのか、そして家族規範と住居規範がいかに絡み合い、変容させられたのかを考察する。また、第二次世界大戦後の、各国の大規模な都市計画、住居建設の思想的基盤としての近代建築思想に触れ、団地や団地ライフが誕生する社会的・文化的背景を明らかにする。そして、戦後日本における住宅政策の展開の中で、公営住宅がいかなる空間として位置付けられ、変容させられてきたのかを示したい。

第1章 「家庭」の成立と「団地族」の誕生

本章では「家庭」の成立から「団地族」の誕生まで、「家族団欒」や「家族プライバシー」という近代家族の理想が定着する過程に焦点を当てる。そして、そこから「家庭」が親密性に満ちた「私的空間」として独立していく過程を明らかにする。昭和三〇年代から本格的に建てられた団地は、当時「団地族」という言葉を流行させたほど、近代的な住宅様式を実現させる象徴的空間であった。ここでは、「団地」と呼ばれる集合住宅が大規模に誕生する社会的背景を考察する。そのため、第二次世界大戦後、各国の都市再建における思想的な基盤となった近代建築思想を検討し、団地が実現した「団地ライフ」とはいかなるものであったのかを考えたい。

1 「家族団欒」の「家庭」の成立

1-1 家族と住居の近代化

「家庭」という概念は、新しい家族を示す言葉として明治二〇年代に登場し、三〇年代にかけて流布され、二〇世紀に入ってから急速に普及した。「家」と「家庭」は、ともに明治期の新聞・雑誌によって広がったという意味で、明治期の新語であった［小山 一九九九］。その過程では、戸籍法の実施が決定的な役割を果たす。戸籍制定の直後には、血縁のない成員も戸籍に登録すべきかどうかについての問い合わせが中央政府に殺到したが、これに対して戸籍は身分登録となり、少なくとも養子縁組など、血縁擬制をとらなければ戸籍は形成されないようになった。戸籍法が定着する過程は、使用人までを含む「大きな家」から、血縁擬制をとらなければ戸籍が編成されない「小さな家」へと「家族」の範囲が確定されていく過程でもあったのだ。家族の近代化は、家族が地域や親族の統制から自由になっていくと同時に、近代国民国家の基礎としての「私的存在」へと変化しつつある過程でもあった［西川 二〇〇四］。

牟田和恵［一九九六］は、明治三〇年代から大正期にかけて、『家庭之友』『婦人之友』『主婦之友』『婦人倶楽部』など、家族団欒や家族の心的交流、家事や育児に関する生活記事を掲載した女性雑誌が創刊されたことに着目し、新聞・雑誌などのジャーナリズムで家庭論が展開され、家庭教育の専門雑誌や家庭小説などを通じて諸階層に「家庭」という言葉が普及・浸透した過程を明らかにする。こうした大衆雑誌では、家族や生活様式の近代化、家事技術が紹介され、激しい販売競争を通じて読者層も拡大した。昭和二〇～三〇年代になると、総合誌・評論誌上では、次第に「家庭」や家内の事柄は誌面から完全に排除されることになり、論じられるのは経済、外交、戦争といった「公」の事象のみとなる。

一方、一九二〇年から文部省は半官半民の生活改善同盟会を設立し、展覧会、講習会、社会教育講座などを通じた国民啓蒙運動を行う。そして、家庭生活や消費生活のモデルを「教育」する目的で、生活改善運動が展開される。生活改善同盟会が語る近代家族像とは、血縁家族の心的交流を重視する「家族団欒」の家庭であった。家族生活の重視という志向性が最も明確に示されているのは、接客本位の間取りから家族本位の間取りへの転換である。戦前の日本の住宅では、徐々に血縁家族以外のメンバーが排除される歩みと並行して、接客のスペースが縮小される。公的領域と区別される私的領域としての「家庭」が本格的に広がるのだ。

祐成［二〇〇八：四四―五〇］によれば、近代日本において、自己あるいは他者が、どのような住み方をしているか、住居についてどのような考えを持っているかなどをテーマとする言説が、初めて大量に出現したのは一九一〇年代である。生活改良運動をめぐる啓蒙の過程で、「文化住宅」が誕生したことからも明らかな通り、住生活は生活改良の中心的な課題であった。望ましい住宅の獲得が国家の生産力の向上、社会的安定の条件であるという思想が共有され、住宅の直接的な供給はその具体的な方策となる。中川清［一九八五］は、一九一〇〜二〇年代にかけて、住宅に対する関心が高まって、都市下層民は大正期から世帯を形成しはじめ、住まいの確保のために食料を切り詰める傾向まで見出せるという。また、この時期には、平面図付きの住宅設計集のブームもあり、住まいを通じて実現可能な理想的な家族像が具体化し、普及しつつあったと分析する。

1-2 プライバシーの要求

一九二〇年代後半から三〇年代にかけて、東京の都市化や交通網の発達を背景に、サラリーマンを中心とした「新中間層」が登場する。そして、「新中間層」は、都市に新たなライフスタイルや行動様式を顕在化させ、この時期の都市空間を特徴づける存在となった。新中間層の家族が層として登場する時期に、あるべき生活像、家族像が国家による教育の対象として浮上し、マスコミの発達、マスカルチャーの普及とともに大衆化されつつあった［成田 二〇〇三：二一〇］。居間や茶の間などが住宅の中心となり、接客本位の間取りから家族本位の間取りへ転換される過程は、家族団欒の家庭の成立を表すものである。以下、間取りの変化から読み取れる家族規範の変化、また、家族中心の住居となる過程で並行して現象化してくるプライバシー（家族主義的プライバシーとアトム的プライバシー）の追求に焦点を当てて、住居様式の変容を探る。

『住宅近代史』の編者・太田博太郎は、その冒頭で「明治・大正・昭和時代は一口にいえば、日本住宅の洋風化、近代化の時代ということができよう」［太田（編）一九六九：三］と語る。明治末期に出現した日本の住宅様式「中廊下型」、大正期の「居間中心型」を初めて定式化した建築史家の木村徳国［一九六九a］は、日本人の住宅に洋風が採用されたのは、明治初期の皇族や華族、政府の高官などが、接客用として、完全な和風の住宅の中に家族があまり使わない洋館を設けたのが最初であると説明する。この洋館は、靴のまま部屋にあがるなど、形だけではなく、使い方も完全に洋風であった。一方、都市中流住宅としての在来和風住宅は、生活の思想までをも含めて武家の住宅の伝統を源流としていた。一番広く、最もよい位置にある部屋は客間であり、全体的に壁が少なく、部屋が襖や紙障子のような間仕切りでつなげられ、他の部屋へ移動するには、別の部屋を通り抜けていくしかなかった。

一方、明治四〇年頃には四、五〇坪の都市中流住宅として、各室が独立的な入口を持ち、各室のプライバシー（アトム的プライバシー）を高める方法として中廊下住宅が普及していった。中廊下型住宅様式の平面形はきわめて類似しており、東西方向に廊下をとり、中廊下の南側は住居部や玄関ホールに接して洋風応接室が、次に連続した主座敷と次の間型の和室が並ぶ。中廊下の北側には、便所、女中部屋、台所、風呂場、押入などのいわゆる付帯部分が設けられていた。どの部屋も通り抜けずに目的の場所に行けるようになっている中廊下型住宅は、明治末から第二次世界大戦頃までの都市中流住宅の主流として建てられた。家族の生活が南側へ進出し、家長中心から家族中心へと変化しはじめたことは、非常に革新的であった［木村 一九六九b］。

中廊下型住宅が普及しはじめた一九一五～一六年になると、生活改善の気運が盛り上がり、家族平等、特に女性、子供の地位向上を目指す住宅改良が流行した。小泉和子〔一九六九：二二四〕は住宅改良の最初の対象が台所の改善であったことに着目する。ここでは、立式化や設備の便利な配置が最大の関心事であり、都市ガスや下水道も一般家庭に普及しはじめて、「女中いらず」が宣言された。また、百貨店が出現し、ここで家庭用品や子供部屋用の家具が展示販売される。それらで子供部屋を飾るようになっていく過程は、核家族の家庭が確立されていく過程でもあった。

戦前のアパートを代表するのは同潤会アパートである。同潤会は一九二五年、関東大地震への義捐金により設立された財団法人であり、内務大臣が会長を務める公的な性格の団体であった。同潤会は一九二六年から翌年の間に一万二〇〇〇戸の住宅を建設したが、うち二五〇八戸がアパートであった。特に、鉄筋コンクリート造りで地震や火災の際に安全なことや、水道、電気、炊事・暖房のガス設備、各戸の水洗式便所などにより、戦前の住宅事情の中では、著しく高水準の住宅であった。

しかし、住宅の近代化過程を検討する際に見逃してはいけない点は、住宅の西洋化・近代化を実際に追求して享受することができた層はごく限られていたということである。第二次世界大戦までの日本の都市専用住宅は、従来からの少数の「大邸宅」、庶民の「長屋」の二種類に中産階級の「住宅（中流住宅）」を加え、三種類に大別される。中産階級以上の住宅のみで西洋化や近代化の痕跡が見られるだけで、ほとんどの庶民は従来の長屋で生活した。一九四一年の厚生省の大規模住宅調査から、当時の都市専用住宅の規模がわかる。当時の東京、大阪、名古屋、京都、横浜、神戸の住宅事情を見ると、持ち家は二〇％ほどで借家の率は七八％以上であった。そして、居住室の規模を見ると、一五畳以下の住宅が全体の半分を占め、江戸時代から第二次世界大戦まで、都市下層社会の生活は借家の長屋生活であったといえる［木村 一九六九c：一四九―一五〇］。

戦時中および敗戦後の状況下では、新たな住宅を求める物質的な土台がなく、住宅状況は次第に悪化する。一九四一年には庶民住宅の供給を目的とした住宅営団が設立されたが、戦争が激しくなり、やがて軍あるいは軍需関係者の住宅供給機関となってしまった。総力戦の拡大に伴って切り詰められた臨時日本標準規格の間取りは、六畳と三畳ないしは四畳半の二間であった。

西川祐子［二〇〇四：九六―九八］の指摘を参考にすると、日本の住宅研究、住宅行政へ大きな影響を及ぼした西山夘三は、既に一九一七年に、「住宅の質について」と題した論文において、住居に要求されるのは休養であると強調し、労働力の再生産のための睡眠を重視して、「食寝分離」を主張した。戦後の住宅論理は、戦争中の国民住居論としてすでに準備されていたのだ。しかし、戦争中は住宅建設事情の悪化のため、食寝分離は不可能であった。また、戦後も住宅建設資材の不足により、一九四六年には臨時建設制限命令で、不要不急の建築が禁止され、住宅建設の規模は一五坪までに制限される。それが翌年には一八坪に改定されたが、こうした過程から、狭小住宅の国民住宅化は戦争期に始まり、戦後につながったことがわかる。

2　戦後集合住宅の大量生産

2-1　「住宅は住むための機械」

量産の精神状態を創りださなければならない、すなわち、
量産住宅を建設し得る精神状態
量産住宅に住む精神状態
量産住宅を構想し得る精神状態を。

[Le Corbusier 2002: 229]

ル・コルビュジエ（一八八七〜一九六五）は、二〇世紀全般の住宅建築に大きな影響を及ぼした建築家であり、建築思想家である。彼が活動した時期は、都市の過密化やスラム化はもちろん、居住環境が前例のないほどに劣悪な時期であった。産業化に伴う労働者の住宅問題、そして第二次世界大戦で焼失・荒廃した住居問題の解決は、国際近代建築家会議ＣＩＡＭ（Congrès International d'Architecture Moderne 1928-1959）の最も重要な関心事であった。ＣＩＡＭを主導したル・コルビュジエは、建築という意志的行為が都市生活、および人間の生に及ぼす大きな影響力を看破し、都市計画と建築を通して理想的な社会を追求しようとする熱意を抱いていた。彼は、建築こそ都市の命運を握っている

と主張し、住居を都市計画の核心ととらえる中で、住宅「大量生産」の理念的な方向を提示する［Le Corbusier 1986］。

祐成［二〇〇八：一九―二八］は、一九二九年にフランクフルトで開かれたＣＩＡＭの第二回会議のテーマ「生活最小限住居」は、近代住宅の理念型のヒントであったと論じる。生活最小限住居の探究とは、住居の本質をめぐる問いそのものであった。そして、何を本質的で合理的と見なすか、何を無駄あるいは非合理的だと判断するかは、その対象を把握しようとする主体の仮説ないしは理想に左右されるものであった。ル・コルビュジエの言う「機械としての住宅」とは、土着性と歴史性、場所性から自由な、グローバル・スタンダードを目指す住宅であって、標準を設定することとは、最大の効率で機能的に適合する型を推論することである。そこから、船室やオフィスのキャビネット、タイプライターのようにスペースの無駄をなくした住宅、機能を完璧に保障した最小限の住宅が構想される。

標準化による大量生産は、労働者への住居の供給や改善が急務であった資本主義的都市における唯一の解答と見なされ、戦後の都市再建のための思想的な基盤となった。「標準化による良質な住宅」を「量産する精神状態」は、戦後各国で採用され、都市計画の思想的な基礎となる。ル・コルビュジエが提示した「垂直の田園都市」や「公園の中のタワー」は、第二次世界大戦で廃墟となっていたあらゆる都市の再建に大きな影響を及ぼした。

鈴木博之［一九九三］は、戦後の空間の均質化は、近代の建築理念が社会に浸透していく過程であり、一九五〇～六〇年代は、戦前から継続された近代建築の理念が、技術の発展によって「実現」される時期であったと評価する。日本社会において、「団地」が計画され、建設されたのはこの時期からである。

2−2 公営住宅標準モデル「51C」

第二次世界大戦末期の空襲による住宅の焼失、強制疎開、引揚者の帰国などにより、敗戦直後の住宅不足数は約四二〇万戸にのぼった。住宅難が深刻な社会問題となったこの時期に、住宅建設は国の政策として本格的に展開されはじめ、敗戦直後に、応急越冬住宅三〇万戸の建設が目標として掲げられる。その中で、一九四五年一一月、住宅政策の担当機関は厚生省住宅課から戦災復興院に移された。戦災復興院住宅の規模は、応急として六畳、三畳の六・二五坪となり、半額は国庫補助により地方自治体が建設する仕組みであった。しかし、資金、資材、土地に十分な裏づけがなく、また運送も食料優先となり、建設目標を大きく下回る。一九四六年には、人口一〇万人以上の都市への転入制限が実施されると同時に、不要不急の建物を建てることが制限された。一九四六年一一月には、住宅政策に抗議するデモが連日続くほど住宅難は深刻であった［鈴木成文二〇〇六：六八―七五］。

戦後の住宅政策は、住宅金融公庫、公営住宅、公団住宅の三つの制度や機関によって展開され、これらを通じて、国家は住宅を直接・間接に供給した。戦後の住宅政策では、住宅難解消のための戸数主義が目立ち、いかに大量の住宅を供給するかが主な関心事であった。このような戦後の住宅政策の背景には、「機械としての住居」を求める近代建築思想があった。住宅難と資金難の中で生産コストを削減し、労働者の休息という機能を果たす住宅を大量生産し供給することは、日本だけではなく世界のあらゆる都市で採択された、戦後復興期の時代的要求であった。都市住宅の高層化や都市住宅不燃化への政府の意思のもとに、切り詰めた最小面積からも、新時代の住生活が目指されたことが見て取れる。いす式を採用した食事室を空間の中心に配置した戦後日本の団地の姿は、当時の住宅の理想をよく表している。

「機械としての住宅」の理念は、「51C」という公営住宅の標準設計によって戦後日本社会で本格化した。[13]「51C」とは、戦後の極小住宅の調査から誕生した一九五一年度の鉄筋コンクリート造りの公営住宅における標準設計の一つの型の名称である。「51C」の設計は、公営住宅の基本モデルとして全国的に数多く建てられ、その後、公団や民間住宅の設計にも広範な影響を及ぼした。公営住宅の標準型「51C」の設計に、東京大学の吉武泰水研究室の一員として参加した鈴木成文は、「51C」の設計は、敗戦後の窮乏の時代に、新しい日本の庶民住宅の型を求めて創られたものであると述べる［鈴木・上野・山本ほか 二〇〇四］。以下、鈴木成文の著書から、「51C」の空間構成原理を引用する。

一、普通の家庭構成では（住居期間を考え合わせると）少なくとも二寝室が必要である。二つの寝室のうち一つは「基本寝室」（夫婦寝室）として初めから設計することが望ましく、両者の隔離に注意したい。

二、これまでの住宅は結局一寝室的で、間仕切りも不完全である。家族人数や家族構成によ

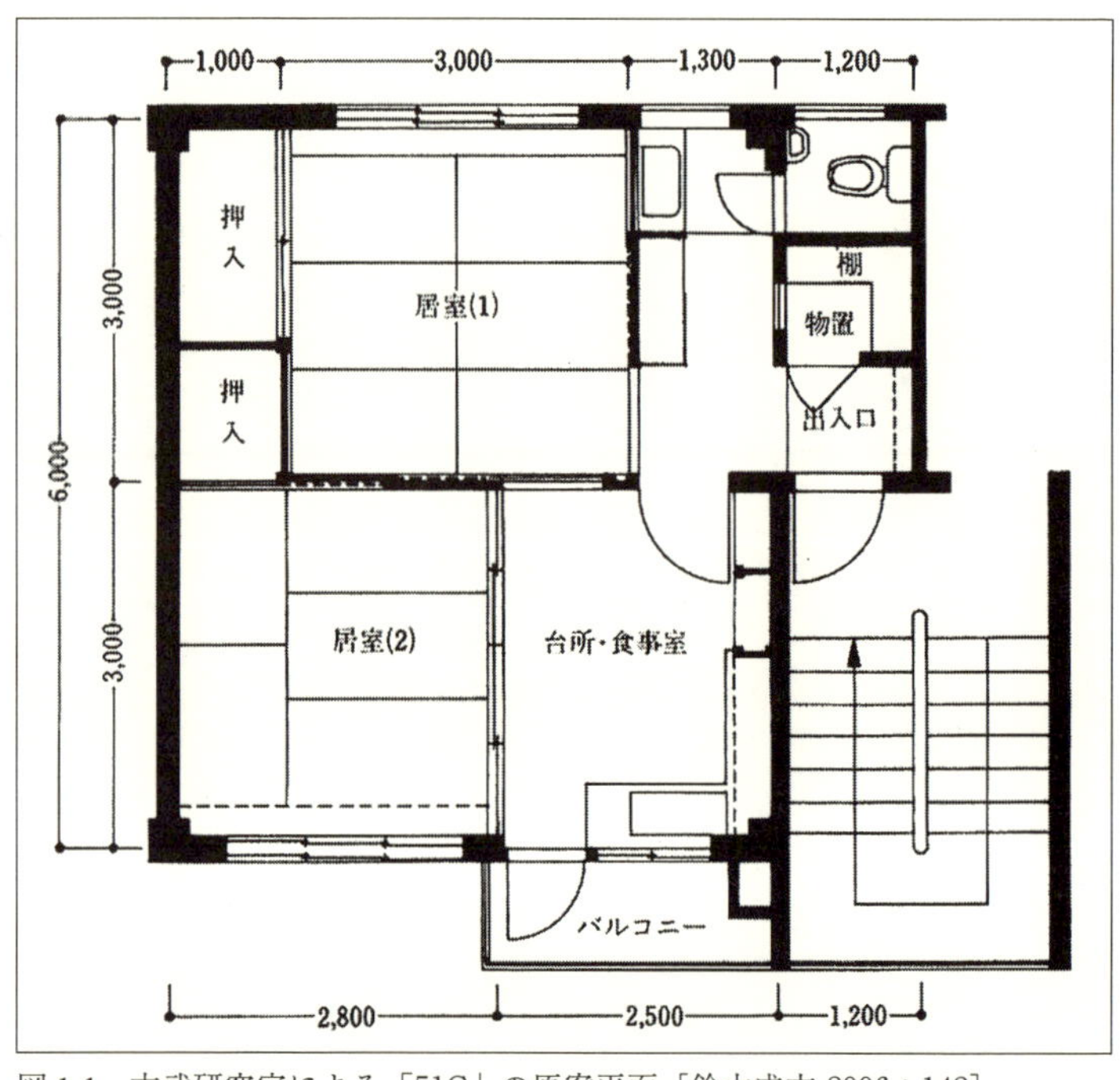

図 1-1　吉武研究室による「51C」の原案平面［鈴木成文 2006：142］

って住居部分をどう区切るかの要求は異なるが、子供のある家庭では、少なくとも家庭全員がくつろげるほどの広さを持つ部分と、勉強、読書、仕事（家事を含む）などができる部分を持つことが必要であろう。後者はさほど広くなくてもよいが基本寝室としての条件を備え、前者とは壁で仕切ってもよいのではあるまいか。前者には家族構成や生活の仕方に応じた住み方のできるゆとりがほしい。この部分は南向きにさせ、台所と直結するかあるいは調理部分を含み、住戸の出入り口や便所につながるように配置したい。

三、「食寝分離」は小住宅では

「就寝分離」を犠牲にすることになりやすい。少なくとも朝食の分離ができるよう台所を広めにとることが良いと思われる。〔鈴木成文 二〇〇六：一一四―一一五〕

公営住宅は、戦後日本の住生活を改善するうえで大きな役割を果たした。特に、大都市だけではなくて、地方都市や農村部においても建設されたことから、新しい住生活様式および住宅・団地の建設技術を全国的に広げた〔荻田・リム 一九八九：五六〕。民間建設のアパートの多くが経済的、また技術的な制約により、木造二、三階建ての小規模のものであったのと対照的に、一九五四年度の公営住宅のうち三九％にあたる一万九〇〇〇戸は鉄筋コンクリート造りとなった〔倉沢 一九九〇：一五―一七〕。そして、「51C」の理想は、日本住宅公団の「2DK」にほぼ踏襲された。

3　団地ライフ

一九五六年の『経済白書』は「もはや「戦後」ではない」と述べた。高度経済成長が本格的にスタートし、人口の都市集中が本格化したこの時期に、日本住宅公団による大規模な住宅供給も本格化された。一九五五年に発足した日本住宅公団は、住宅不足の著しい地域において住宅に困窮する労働者へ住宅を供給することを目的とし、低所得者のみならず一般労働者の住居確保も国の責務としていた(14)。

一九五五年に設計された四二・九平方メートルの2DK、つまり六畳と四畳半の二部屋とダイニング・キッチンを表す「2DK」という記号は、公団団地の代名詞となる。公団住宅は公営住宅より一坪増やして一三坪とし、その一坪でダイニング・キッチンが採用され、食寝分離を実現させた。公団は、家賃の差だけ公営住宅とは違う特色を出さなければならなかった。そこで内風呂、玄関のシリンダー錠、洋式便器、ダイニング・キッチンのステンレス流しが導入される。公団住宅で採用された各戸ごとの浴室、シリンダー鍵は、「団地プライバシー」を象徴した。

公団住宅の理念は、住宅の基準だけではなく、近代的、また理想的な家族生活の手本として提示され、そこで営まれるはずの生活こそが理想の家族生活として認識された。団地は、若い夫婦が高い競争率を勝ち抜いて入居する「若い夫婦と幼児の社会」であって、一九五六年当時における公団団地の世帯主の中央値は三三歳、ホワイトカラーが九〇%以上を占めた。また、家族構成は平均三人程度で、夫婦だけの世帯と、夫婦と幼児の世帯を合計すると六〇%以上であった。団地の狭い空間や標準家族志向の生活様式は、事実上高齢者を排除した。一九六〇年代の調査を見ると、大阪の香里団地と東京のひばりが丘団地では二〇代と三〇代の比率が九〇%を超えた［倉沢 一九九〇：一九／江上 一九九〇：七三］。

一九五八年に『週刊朝日』が「団地族」という言葉を使ったことから、この言葉は流行語になる。昭和三〇年代当時、「団地族」と呼ばれた団地居住者は、都市の中堅ホワイトカラーの若い層であり、モダンな生活を追い求めたニューファミリーであった。大卒の初任給が一万数千円の時代に、団地の家賃は四〇〇〇～六〇〇〇円であって、しかも入居資格の月収は家賃の五・五倍以上であったが、団地の人気は当初から非常に高く、一九五八年に「団地族」は一〇〇万人を突破した。団地は望んでも入ることのできない「夢の住宅」であったのだ〔生活科学調査会（編）一九六三：六五〕。一方、一九五三年の建設省住宅局の調査によると、一般世帯では三〜五人家族の合計が五二・一％であるが、公営住宅では六九・四％となっている〔有泉（編）一九五六：二三四〕。「団地族」と呼ばれた公団住宅だけではなく、公営団地においても「団地」という空間の特徴（制約）が家族構成に反映していることがわかる。つまり、今とは正反対の状況ではあるものの、団地は「同質的な年齢集団」が居住する集合住宅として出発したのだ。

以上のように、戦後の日本では団地という集合住宅が大量に供給された。しかし、重要なのは単に量の問題ではなく、「団地」に住むことによって、団地にふさわしい家族規範が求められたことである。近代的住居にはその空間が要求する生活様式が刻まれており、家族の新しい関係、子供の教育への新しい概念、新しい家族経済が要求されるのだ。

桐ヶ丘団地の住民たちが、入居した当時を回想し、食卓にかけるテーブルクロスを思い出すことからもわかるように、それは親密性を基盤とした家族生活の理想を前提にしたものであった。「家庭料理」が象徴するように、家族の親密性とは公的領域が提供できない感情的・情緒的な満足感や無償のケアを提供するものであった。

「団地族」はシリンダー鍵で確保された「家族の空間」を、それにふさわしい家電製品と家具で埋める「消費する家族」を実践した。団地における耐久消費財の普及率は、一般の都市住宅に比べてはるかに高かった。一九六〇年代に行われた住宅公団の入居者たちの家計調査報告によると、テレビの場合、東京の住民の同じ収入層の六〇・六％に対し、団地では八二％の住民がこれを持っていた。電気洗濯機の普及率は、東京の住民の四九・二％に比べて、公団住宅では八四％に達した［日本住宅公団（編）一九六五］。団地は高度成長期の「家族らしさ」を象徴する空間であって、それは社会的・政策的奨励や支持の中で誕生したのだ。

産業化や都市化に伴い、労働者の住宅問題は都市問題・社会問題の核心となり、公共の関心事として国家政策の対象となる。そのため、団地の大規模集合住宅に関する研究において、この空間を計画する国の政策、資本の企画は目立つものとなる。しかし、それを完結させるのは、この空間がそのかす、またこの空間に絡み合っている欲望そのものである。西川［二〇〇四］は、近代的な家族モデルと住宅モデルが定着する過程を分析し、政府の政策やメディアのモデルが実際の人びとの生活に先行し、国民はモデルが変わるたびに自発的にそのモデルを受け入れ、それを超えて現実を構築したと述べる。国家主導の住居計画によって誕生した居住空間が労働者家族に提供される際に、「家族」が実践した「団地ライフ」によって「団地」は完成されたのだ。

このようにあまりにも画一的な空間に見える団地であるが、にもかかわらずなぜか団地が心を引くのは、その空間の中に潜んでいる日常の想像力、そして典型性と個性の対比による驚きのためではないだろうか。

第2章　戦後公営住宅政策の展開と衰退

本章では、住宅金融公庫、公営住宅、公団住宅という三つの制度・機関による戦後住宅政策を検討し、家族中心、持ち家中心となっている戦後の公共住宅政策の中で、公営住宅が社会的にいかなる空間として位置づけられてきたのかを考察する。特に、公営住宅政策の成立から住宅福祉の後退の過程を明らかにすることで、「国民住宅」としての都営住宅が「限界集落化」したといわれるに至る過程を議論したい。

1　「国民住宅」としての出発

1-1　「日本の再建に役立つ家庭」

戦後の住宅政策は、一九五〇年の住宅金融公庫法、一九五一年の公営住宅法、一九五五年の公団住宅法によって展開され、国家がその法のもとに住宅を直接的・間接的に供給した。まず、住宅金融公庫は、「国民大衆が健康で文化的な生活を営むに足る住宅の建設および購入に必要な資金で、銀行その他一般の金融機関が融通することを困難とするものを融通すること」を目的とした。住宅金融公庫では、一九五〇年から持ち家の自力建設、購入を援助するための融資制度として、全額国庫出資の個人貸付が行われた。

一九五五年には、住宅政策の第二の柱となる、日本住宅公団が設立される。日本住宅公団は、「住宅不足の著しい地域において住宅に困窮する労働者のために、耐火性能を有する構造の集団住宅及び宅地の大規模な供給を行うとともに、健全な新市街地を造成するために土地区画整理事業を実行することにより、国民生活の安定と社会福祉の増進に寄与すること」を目的とした。ここでは、低所得者のみならず、一般労働者の適正な水準の住居確保もまた国の責務であるとしている。

次に、公営住宅制度に焦点を当てて、日本の住宅福祉政策の流れを概観しよう。日本における最初の住宅福祉政策は一九一八年の公益住宅制度であった。公益住宅制度は、大蔵省貯金部の資金を利用して公共団体、公益団体が低利融資の資金で非営利住宅を建設して、低所得層に低額の家賃で直接供給する、今日の公営住宅に似た制度である。その後、住宅政策は厚生省の所管となったが、一九四五年一一月、戦災復興院に移される。戦災復興院は応急越冬住宅三〇万戸の建設を目標に、半額を国庫補助して地方自治体に建設させようとした。これが以後の公営住宅の前身である。戦災復興院は、一九四八年一月、建設院として発足する。建設院は同年七月に建設省と改称され、住宅政策、住宅行政は建設省へ一元化される。

公営住宅法は、一九五一年五月に成立し六月に公布され、七月から施行される。公営住宅法第一条は、「この法律は、国及び地方公共団体が協力して、健康で文化的な生活を営む住宅を整備し、これを住宅に困窮する低所得者にたいして低廉な家賃で賃貸し、又は転貸することにより、国民生活の安定と社会福祉の増進に寄与することを目的とする」としており、国民の生存権の保障を住宅政策面において具体化した。

当時の公営住宅法の成立過程を見ると、厚生省社会局の厚生住宅法案と建設省の公営住宅法案が同時に提出されたが、福祉の発想が希薄であった建設省の法案が採択され、建設省が住宅行政を全面的に担当することになる。[15] 低所得層を対象にする公営住宅とはいえ、広い意味での福祉行政とはかけ離れていたのだ［本間 二〇〇九：一九二］。

大本圭野の『〈証言〉日本の住宅政策』は、戦争期から戦後復興期にかけて、日本の住宅政策成立過程に関わった行政や計画の担当者、研究者、活動家などとの対談が載せられている八〇〇ページに及ぶ対談集である。公営住宅法立法当時、建設省住宅局企画課に勤務していた川島博との対談からは、公営住宅が国民住宅として成り立つ政策的な背景が明らかになる。川島は次のように語る。

底辺の階層は置き去るんです。それは厚生省の所管で建設省の所管ではない。建設省が考える公営住宅は最底辺の階層は相手にしない。その対策は厚生省でおやりください。私のほうは住宅経営だから、経営が成り立たないような、少なくとも一定の家賃が払える人でなければ入れませんよ、ということです。……貧窮人は切り捨てる。それはそうでしょう。とにかく住宅の絶対数が足りないですから、どこからつくっていくかです。日本の復興に貢献する人をさておいて、お荷物になる人を優遇していたら、日本国家の再建はできない。そういうときにはそういうのは別にして、将来、日本の再建に役立つ家庭の活力を養うためにやるということではないでしょうか。

〔大本 一九九一：二七五―二七六〕

第一種住宅入居基準収入が家賃の六倍から一五倍であったことでもわかるように[16]、当初の公営住宅は「日本の復興に貢献する人」が「日本の再建に役立つ家庭の活力を養うため」「お荷物になる」「底辺の階層」を置き去りにした国民住宅であった。

一方、戦後住宅政策のもう一つの特徴は、大量供給を求める「戸数主義」である。さらに、その対象が階層別に設定されており、所得順に公営—公団—公庫と、所得に対応した階層別住宅政策が進められた。第二種公営住宅の八坪、第一種公営住宅の一〇坪や一二坪、公団住宅の一三坪の住宅規模の差からも、所得による差別的な政策の展開が見てとれる[17]。当時の建設省住宅局に勤務し、初期の公営住宅政策を推進した尚明（しょうあきら）と大本の対談からは、公営住宅の面積は国民の税金や政府の融資で建てる住宅であるとの立場からの広さであって、広さを犠牲にして戸数を増やした状況が確認される。

国民の皆さんからいただいた税金をつぎ込んで新たに入る人のためにつくるんですから。あの当時でも家としては二〇坪のほうがいいけれど、税金を払っている人が承知しないですね。自分はこんなに狭いところにまだいて、いつ入るかわからないのに、公営住宅や公団住宅に入った人だけが、あんなぜいたくができるのかという問題が起きます。……昭和二〇年代の後半のころ、公営住宅の水準が一〇坪からちっとも増えていないじゃないか、という批判がありましたけれど、そのときに一〇坪を一二坪にすれば、戸数は二割減っているんです。……我が国の住宅数が世帯数に追いついたのは、終戦後二五年を経た昭和四五年頃ですから、そのころまでは、なにをいわれても戸数を増やすことが重要だったわけです。

［大本 一九九一：三三二―三三三］

西山夘三は大本との対談で、日本には「起きて半畳、寝て一畳」という禁欲的住居観があって、「国民を非常にひどい住居状態に置くこと」によって、戦前の資本主義が発展してきたと批判する。そこで大本は、日本の住居基準の特徴として、戦前の基準が一九七〇年頃まで用いられたことを指摘する。敗戦直後の越冬応急住宅の国庫補助住宅建設基準は、戦前の営団住宅の、特に一九四四年に切り下げられた基準に準じたもので、一戸が六・二五坪にすぎなかった。応急住宅の建設基準は、若干引き上げられるものの、一九五一年に公営住宅法が立法化されるまで継続された。また、一九四一年の建築学会の庶民住宅基準や住宅営団の住宅建設基準が、一九七一年の第二期住宅建設五ヵ年計画まで用いられた［大本 一九九一：六〇二］。

1―2 「家賃値上げ反対」

一九五六年、東京大学の研究グループは、東京都や川崎市にある公営住宅のうち、九つの団地を対象とする実態調査を行い、『給与・公営住宅の研究』という報告書を出版した。これは、有泉亨を責任者として、「住宅に貧窮する低額所得者に住宅を供給する」という公営住宅の目的がいかに達成されているかを評価する調査であった。報告書には建設省住宅局が一九五三年に行った全国の公営住宅入居者に対する住宅事情調査の資料が載せられている。それを参考にすると、当時の都営住宅に居住する世帯主の職業は、事務雇用者五九・七％、筋肉労働者二八・一％、個人事業主六・二％、会社または団体の役員四・二％となっている。また、収入の面で高額所得者や極端な低所得者は少なく、収入の高低の開きが小さかった。そこで報告書は、「住宅に貧窮する低額所得者」へ住宅を供給する公営住宅の目的は達成されていると評価している。

同時に、同報告書においては、いかなる階層が都営住宅に入居しているかに関して、東京都における住宅貧窮世帯の生計費別の分布を念頭に置きながら注目すべき点を指摘する。公営住宅入居者が低額所得者であるとはいえ、一般の労働者世帯の生活水準と比較してみると、その上層部に位置し、いわゆる中産階級とでも称すべき層に偏っていると指摘されているのだ。当時の都営住宅の家賃は、入居者の支払い能力ではなく、標準建設費を基準にして決められ、最下位の階層は落とされた。したがって、低所得層を対象にした公営住宅とはいえ、第一種住宅の入居基準となる平均収入が、「家賃の六倍から一五倍で二万円以下」であったことからもわかるように、低所得層とは言い切れない中流階級も含めて、住宅難にあった国民一般に向けられた「国民住宅」であったのだ。

また、公営住宅入居者の、入居以前の住居の家賃がきわめて安かったことも目立つ。東京都と川崎市の六か所の公営団地での調査では、八七・五％から九七・五％の住民が、「公営への入居後家賃は高くなった」と答えた。それは、桐ヶ丘団地の前身といえる「赤羽郷」から「桐ヶ丘団地」に入居した古い住民たちへのインタビューからも確認できる。「赤羽郷」の引揚者住宅では六畳部屋で家賃が一〇〇円から二〇〇円、六畳と四・五畳の部屋、台所や庭つきの木造住宅の家賃が五〇〇円であったが、新築鉄筋の都営桐ヶ丘団地の家賃は二〇〇〇円から三〇〇〇円であったという。家賃の負担が大きく、引揚者住宅の住民たちが団地建設に反対したり、住居対策を要求した記録もある［桐ヶ丘35年史編纂委員会（編）一九八一：一五五］。一九六一年一二月に「赤羽郷」から「桐ヶ丘団地」へ入居した住民は、赤羽郷の住民には入居の優先権があったが、家賃が高くて近所の九世帯の中から二世帯しか団地へ入居できなかったと回想した。当時、民間住宅より公営住宅の家賃が安かったことは確かであるが、一方では、公営住宅よりはるかに家賃が安く劣悪な住宅も各地にあったことがうかがえる。

建設省住宅局の一九五三年の調査によると、公営住宅入居者のうち、三三・二％が戦災、二〇・三％が引揚げ、一四・六％が建物疎開、合計六八・一％が戦争によって住宅を失った人びとであった。最初の公営住宅は、赤羽郷のように、まさに戦争による住宅難を解決する応急住宅的役割をも果たしたのだ。

前述したように、戦後の公営住宅は民間住宅を先導する「国民住宅」として誕生した。それは、「もはや「戦後」ではない」といわれた高度経済成長期に入って、公営住宅の入居者層を限定しようとした政府の方針に住民が反発したことからも見て取れる。高額所得者を退去させ、公営住宅の収容能力を向上させようとした政府の狙いは、一九五九年の公営住宅法改正にも表れている。この改正では、収入超過者に対して部屋を明け渡すための努力義務が設けられ、第一種住宅で最高四〇％、第二種住宅で最高八〇％の割増し家賃が適用された。また、一九六九年の改正では、高額所得者に対する明け渡し請求制度が規定される。この制度は、一九五九年の努力義務をさらに強化したものであり、それ以降、ある水準の所得以上の者は、公営住宅に居住してはいけないとの考え方が定着しはじめる［平山二〇〇九：二五〇］。

その過程で、公営住宅居住者からは相当の反発があった。『桐ヶ丘35年史』からも当時の状況が確認される。一九六六年七月「収入調査」反対を契機として、公営住宅居住者の居住権を守る目的で、桐ヶ丘団地を中心に北区公営住宅協議会が結成される。北区公営住宅協議会は、住宅の明け渡し、割増し家賃の徴収を目的とする「収入調査」に反対する運動を展開した。そして、一九六七年の東京都の住宅局長との交渉で、「収入超過者の明け渡し努力義務違反だけで明け渡しの請求は絶対にしない」という文書での確認を得た。さらに、一九六九年には強制明け渡しを目的とする「公営住宅法改悪反対」、一九七五年には「第一次家賃値上げ反対の闘い」、一九八〇年には「第二次家賃値上げ反対の闘い」を展開した。しかし、住民の反対は結局は貫徹されず、「都営住宅は値上がりする一方で」、課税台帳の閲覧という方法で収入調査が行われはじめる。住民たちは「収入超過者の明渡し努力義務は居住者の自主的努力を期待する精神規定であって、この義務違反だけで明け渡しを請求することは絶対にない」という約束を得たことに満足するしかなかったと書かれている［桐ヶ丘35年史編纂委員会（編）一九八一：二〇六］。

こうした、収入調査、立ち退き、家賃値上げをめぐる反対集会から、当時の住民組織の連帯感や積極性が見て取れる。それは、公営住宅は「国民住宅」であり、政府の政策に反対する権利を十分に持っているとの認識に基づいたものだと思われる。これは特に、最近の桐ヶ丘団地の建替えと移転に対して、住民たちが不満を感じながらも、「どうせ税金でお世話になっているから」と消極的に反応することとは非常に対照的である。

写真 2-1　家賃値上げ反対の取り組み［桐ヶ丘 35 年史編纂委員会（編）1981：205］。桐ヶ丘団地は北区公営住宅協議会の中心であった。『桐ヶ丘 35 年史』には「北区公住協 15 年の歩み」というタイトルで、当時の北区公住協会長が家賃値上げ反対の取り組みを記録している

2　家族・持ち家中心の住宅政策

一九四一年の厚生省の大規模住宅調査から当時の都市専用住宅の事情を見ると、全都市住宅の九四%は非集合住宅であった。そして、非集合住宅の約二五%が店舗、工場、その他との併用住宅であった。所有別に見ると、持ち家は全都市で二二%以上、借家は七六%以上であった［木村 一九六九c：一四九］。これと比べると、二〇〇八年の住宅土地調査における住宅総数四九六〇万戸の所有関係別分布では、持ち家が三〇三二万戸で六一・一%を占め、借家は三五・八%にすぎない。戦後、持ち家の比率がいかに急増したかがわかる。

前述の川島と大本の対談では、公営住宅法がつくられた当時は、「安定的、恒久的な住居の供給」という趣旨があったものの、付則の部分には、耐用年数の四分の一を過ぎたら払い下げてもよいと書かれている。さらに、短期間で住宅問題は解決するという見通しで、低家賃の国庫補助住宅をそれほど多く建てなくても、国民が各自でお金を借りて自分の家を建てる時代がすぐに来ると予想し、公営住宅はそれまでの「つなぎ」だと見なされたとも言及している［大本 一九九一：二七六—二八四］。

一九五六年の『経済白書』が「もはや「戦後」ではない」と宣言したように、この頃から日本の高度経済成長が本格化する。そして、「自動車を購入できる頭金で持ち家を」というスローガンのもとに持ち家政策も本格化する。一九七一年には財産形成促進法が制定され、一九七二年は住宅ローン最盛期として「住宅元年」とも称された。また、一九七五年には労働者財産形成促進法が改定され、持ち家融資が積極的に推し進められる。公的住宅金融の融資拡大とともに、民間金融機関による住宅資金貸付も拡充され、財産としての持ち家形成が強化される[18]。民間ディベロッパーによる住宅建設も本格化し、その結果、短期間で持ち家の比率が高くなった[19]。

一方、戦後一般住宅の住居水準を引き上げる役割を果たした団地の設備水準は、しだいに平均水準以下のものとなる。「団地サイズ」というと「狭小」の代名詞とされるようになり、社会的評価が低下していく。特に、「ちょっと上の階層」を対象にした公団の場合、昭和四〇年代に入ると、住民の過半数が団地を「仮の住まい」と考え、上層からの脱出が始まった［倉沢 一九九〇：二六］。原武史と重松清［二〇一〇］は、「団地が輝いていた」時期とは、どんなに長く見積もっても一九五〇年代後半から七〇年代前半にかけての十数年ほどであったと述べる。一九七〇年代からは「２ＤＫ・団地からニュータウンへ」という標語のもと東京郊外の多摩ニュータウンのような田園都市構想が本格化される。

東京都の場合、一九七六年からの第三期住宅建設五カ年計画から、公営住宅の供給計画が縮小されはじめる。さらに、一九八〇年代初頭からバブル経済の影響で土地の価格が急激に上昇し、住宅用地の取得がさらに難しくなる。その後、人口の減少傾向が加わり、新規供給せずに既存の住宅ストックを活用する方策が模索されはじめる。その結果、居住者の年齢や家族構成、住宅の立地による家賃の差などがもっと総合的に検討されるべきではあるが、持ち家の取得が不可能な、また公営住宅への入居も不可能な人びとが、住宅問題においては厳しい立場に置かれる。

　持ち家政策は、持ち家を持てる者にとってより家を持ちやすくする政策であり、その結果、持てる者と持たざる者との格差が拡大し、特に、地価高騰が格差を広げた。平山洋介［二〇〇九］は、戦後日本の社会形態を理解する鍵は「住宅所有の普及」という現象の中にあると分析する。多くの世帯が結婚して家族をつくり、収入を増やし、持ち家を取得するようにあおる「持ち家社会」の中で、仕事や家族、持ち家は互いを促進し合って標準的なライフコースをつくったのだ。

　一方、住宅政策に関する社会保障制度と税制において、単身者は対象から除外された。日本政府は家族中心の住宅政策をとり、人びとは結婚し家族を形成して初めて住宅政策の対象となったのだ。住宅金融公庫は、長期にわたって単身者を融資対象から外していた。公団住宅もその大半は家族向けであって、公営住宅制度は、生活保護を受けていたとしても単身者には入居資格を与えなかった。高齢者などの単身者は一九八〇年からようやく入居が認められたが、若年と中高年の単身者は依然として公営住宅へ入居する資格を持っていない［日本住宅会議（編）二〇〇九：二三］。一九八〇年代に入ってやっと公営団地へ「単身者」の入居が許可されたこと、そして一九九六年からの桐ヶ丘団地の建替えにおいて１ＤＫが四〇％もの割合で計画されていることは、家族規範がいかに急変してきたのかを表している。家族規範の急激な変化に、家族の器としての住宅は追いついていないような印象さえ与えている。

3　家族再生産の場としての任務の終了

一九八〇年の公営住宅法改正において第一に注目すべき点は、高齢者、身体障害者の単身入居制度が導入されたことである。一九七五年九月、一人暮らしの人たちが福岡市の市営住宅入居者の公募に入居を申し込んだが、福岡市は公営住宅法一七条一号にもとづき、「現に同居し、又は同居しようとする親族」がいないことを理由に申し込みを受理しなかった。そこで、生活保護を受給している中高年女性九名が原告となり、住宅に困窮しているのに一人暮らしであることを理由に公営住宅への入居が認められないのは不当であると裁判を起こした。憲法上「居住する権利」、または「いい住居に住む権利」が認められているのに、同居家族がいないことで住宅福祉の対象になれないことに対して、憲法違反の問題を提起したのである。

河野正輝［一九八二］の『住居の権利――一人暮らし裁判の証言から』や鎌田とし子［一九九九］の『貧困と家族崩壊――「ひとり暮らし裁判」の原告たち』には、この事件をめぐる裁判過程が詳細に記録されている。福岡市は、公営住宅の入居資格者から単身者を除外したことに関して、「住宅困窮度合のより大きい一般世帯」の住宅問題を優先する公営住宅制度の目的を効率的に推進するための十分な合理性を持つとし、単身者の除外条項の合憲性を主張した。一人暮らしは、比較的小さく、安い家賃の住宅での居住が可能であることも合理性の理由として挙げられた。それに対して、原告側は、貧困、雇用の不安などの経済的な事情から家族が崩壊し、「社会構造的」に一人暮らし世帯が増加していることを指摘し、公営住宅への入居を要求した。この訴訟の結果として、一九八〇年四月一日に公営住宅法一七条は改正され、老人や身体障害者、その他、特に住居の安定を図る必要がある者は、「現に同居し、又は同居しようとする親族があること」という条項の例外となり、単身者の入居が可能となった。

この裁判は、同居家族を持たない人びと、低所得者であるにもかかわらず住宅福祉から排除されてきた一人暮らしの人たちが、住宅福祉のセーフティネットに組み込まれるようになった象徴的なケースである。そして、家族崩壊はきわめて社会的、また階級的な問題であることへの意識を深める結果となった。単身者の入居が許可されたこと、つまり家族中心の入居の方針が変更されたことは、「日本の復興に貢献」する「労働者家族の再生産の場」としての公営住宅の任務が終了したことを示す。それはまた、時代の変化とともに、公営住宅に新たな社会的任務が与えられることを意味する。

一九九六年には公営住宅法の大改正が行われる。そこで最も注目すべきことは、公営住宅の入居収入基準が下位三三％から二五％へと、公営住宅制度の創設後初めて引き下げられたことである。[20] ここでは、高齢化のような社会変化に対応し、高齢者、障害者の住宅需要に十分に対応できない状況で、低所得者とはいえない階層の長期居住により不公平が発生していること、公営住宅建設用地の取得難などにより需要に応じた供給が難しくなってきたことから、真に住宅に困窮する者に公営住宅を的確に供給するために、公営住宅法を改正するとされている。家賃の設定方式も変更され、「適切で公平な負担を実現するため」に「応能応益」の家賃が導入された[21]。

最後に、小泉政権の構造改革が公営住宅にもたらした影響についても述べておこう。公営住宅に関しては二〇〇五年、公的賃貸住宅特措法により、建設補助金が廃止され、代わりに交付金制度が創設される。同年、新たに予算化された公営住宅への交付金は、前年度までの補助金の一〇分の一でしかなかった。加えて公営住宅の家賃収入補助（建設に関わる用地費の金利負担への補助金）も廃止される。二〇〇六年の住生活基本法の核心は「住宅政策の市場化」にあり、公共住宅政策の解体ともいえる動きが加速された[22]。

入居条件や退去規定が厳しくなることは、最も困っている世帯へ公共住宅を的確に提供する公平な措置に見えるかもしれない。しかし、依然として公営住宅応募倍率は高く、二〇〇五年の二一九万戸をピークとして公営住宅の管理戸数は減少に転じている中で、低所得世帯ではないが中間所得層ともいえない層が公営住宅から排除されることにより、公営住宅は当初の「国民住宅」の意味を失っている。二〇〇九年度から入居収入基準（一般区分・第四分位）が月額二〇万円から月額一五万八〇〇〇円に変更される中で、公営住宅入居者の収入分位の推移を確認すると、第一分位（〇―一〇万四〇〇〇円／月）に属する世帯は年々増加し、約八割となっている[23]［東京都都市整備局二〇一五b：七］。

このような状況は、日本社会における格差の拡大傾向と緊密である。総理府（現在の内閣府）は、一九五八年から「国民生活に関する意識調査」で、階層帰属意識をアンケート調査する。そこで、一般に「上」「中の上」「中の中」「中の下」「下」という五つの選択肢のうち、「中」に属する三つの中のいずれかによって検出される人びとの意識が「中流意識」などと呼ばれた。その比率は、一九五八年の七二・四%から上がり続けて、一九六四年には八七%に達し、一九七〇年には八九・五%、一九七三年には九〇・二%となる。そこから「一億総中流」論が生まれてくる。しかし、一九八〇年から日本社会における格差の問題が提起されはじめ、二〇〇〇年代に入ると「格差」は大きな社会的問題として浮かび上がる。

厚生労働省が発表した「被保護者調査」統計を見ると、生活保護の被保護者数は、近年、毎年現行制度下で過去最高となっている。一九九五年度に約八八万人まで減少した被保護者比率がその後増加に転じ、二〇〇八年のリーマン・ショック以降急増している(24)〔総務省行政評価局 二〇一四〕。このような社会的変化、それによる居住福祉制度の変化が公営住宅の住民構成に影響を及ぼしたのは当然である。東京都では住宅扶助を受ける被保護世帯数は年々増加しており、都営住宅において生活保護受給世帯の入居優遇制度が実施され、都営住宅の生活保護受給世帯数やその割合も増加している(25)。

二〇〇九年の日本住宅会議発行『住宅白書』のタイトルは「格差社会の居住貧困」であった。そこでは、大都市郊外部での高齢化、空き家の増大、公営住宅や公団住宅に見られる特定世帯階層の集積、片親世帯・障害者・外国人の住居問題、地方都市の中心市街地の衰退などが最近の日本の都市における住宅問題として挙げられていた。

4 家族主義の再考

ますます厳しくなる所得制限や収入超過者への退去義務は、団地の高齢化をさらにあおる。子供の給料に親の年金収入が合算され世帯収入が基準を超えると、退去が義務づけられるため、働いている子供はやむをえず親から独立することになる。この実態を桐ヶ丘団地の住民の声に聞いてみよう。

桐ヶ丘団地のある住民は「実際は同居したくても、子供を早く出さなきゃ。ここを出るよりはいいと思う」と話す。働いていた時期に一時的に収入オーバーとなって、立ち退き要請が郵便で送られてきたこともあったが、割増しで家賃をもっと払うなど「何とかして」、現在まで四〇年近くここに住んでいると述べる住民もいた。

吉本さんは、娘が小学校に入る時に入居したが、娘が成長して仕事を始めてからは収入オーバーとなって、ずっと「出てください」という通知が届いていた。「強制まではいかないけど、警告でしょう。でも、いずれ仕事は終わるから、そして収入が少なくなるから。それを考えると出られないのよ。今は退職して子供一人で働くから（通知が来ないので）、ほっとしました」と語った。また、小川さんは次のように語る。

夫婦の年金と、子供の収入を合わせると絶対オーバー。すごく、きっつい。収入オーバーで出てくださいと会社にまで郵便が来るので、友人が定年前に田舎へ行っちゃったの。年金暮らしになるまで待ってくれない。夫婦なのに離婚して夫が他のところへ住所地を移して、それでも一緒に住んでいるという噂も聞いたの。その家に変な人が住んでいるという話もたまに聞こえる。そのような人たちは団地の掃除にも出てこない。（二〇一〇年五月、ある住民へのインタビュー）

住民たちは、収入オーバーはただ一時的なものであり、いつかは年金生活者となるため、都営住宅に住み続けることを生活安定の基盤と見なす傾向があった。このような定住志向は、新たな入居を妨げることになり、「低所得者とはいえない高額所得者などの長期居住により不公平が生じる」という政府の立場と対立することになる。しかし、近所の民間住宅家賃と比較すると、高齢の住民にとっては、公営団地に居住し続けることは生活安定のため欠かせない条件となる。

一方、晩婚化や非婚化の傾向を考慮すると、世帯内の所得制限は、親と成人した子供の同居期間を非常に短縮させせると推測される。山田［二〇〇四］は、現代の日本社会に特徴的な社会経済現象を「パラサイトシングル」という概念で説明し、今日の若者たちの豊かさは、親が住居と家事労働を提供する、親との同居という条件を基盤にしているという。しかし、世帯内所得制限に基づいて独立しなければならない桐ヶ丘団地の状況は、それとは対照的である。それゆえ、世帯内所得制限は、公営住宅居住者の二世たちにとっては、さらなる格差の原因となる。建替えにより他の都営住宅から桐ヶ丘団地に引っ越してきた、生活保護を受けている六〇代のある女性は、建て増しされた部屋が三つある住居を斡旋されたが、世帯内所得制限のせいで、娘は別の民間借家に入居することにしたという。

公共政策、福祉の行方は低所得層の生活の質を決定する重要な変数となる。世帯単位の所得調査やそれを基準とした入居や退去の規制は、団地の高齢化をあおる原因となっており、その規制は低所得層の家族構成を歪曲させるほどの影響力まで持つ。それゆえ、働く者がその他の家族員の生活を維持しなければならない扶養共同体としての家族規範、いわば「世帯単位主義」［鎌田 二〇一一：二七五―三〇五］の見直しが必要であると同時に、さらには同居可能な関係の範囲が、血縁や結婚による「家族関係」に限定されていることに関しても、「家族解体時代」に見合う見直しが求められる。

第2章では、戦後の公営住宅が底辺の階層を置き去りにして国民住宅化されたことを指摘し、最近、公営住宅の入居基準を引き下げ、入居可能層を縮小したことで、公営住宅政策が後退したことを批判した。これは一見、矛盾した議論に見えるかもしれない。しかし、このような政策的方向の逆転は、居住福祉が社会基盤政策として十分に成熟させられず、経済状況に左右されるものであったことを示す。やっと入居した「宝くじ」のような空間であったものの、「税金で贅沢な家は作れない」という公営住宅建設の立案者たちの証言から、現在の公営住宅には、建設当時からすでに「高齢者施設」化していく端緒が内在していたといえるかもしれない。「税金で贅沢な家は作れない」という国の立場、また「税金にお世話になっている」という住民の感情は、日本の住宅福祉の位置づけを示す言葉でもある。

一九五六年の『経済白書』は「もはや「戦後」ではない」と宣言した。しかし、一九五九年の『建設白書』は、「住宅はまだ「戦後」である」とする。高度経済成長期を経る中で、日本政府は「貧困はもうなくなった」と述べ、「貧困」という言葉は政府資料から消えていった。しかし、一九七〇年代末、早川和男［一九七九］は『住宅貧乏物語』で、過密住居がもたらす悲惨な事故や、家計を破壊する住居費の問題を報告した。彼は、日本の住生活は「経済大国の豊かさの中の住宅貧窮」というべきだと批判した。一九七九年には「ウサギ小屋」が一躍流行語となった。一九九五年の阪神・淡路大地震の被災者には「住宅被害」の犠牲者も多く、現代日本の住居問題を暴露した。

住宅は市場への依存度が大きく、政府の財政支出の影響を強く受けやすいため、住宅供給の多くは市場メカニズムに依拠する。そのため、年金、医療、教育などの福祉に比べて、住宅部門は政府の公共支出削減に最も脆弱であり、「福祉のふらつく柱（wobbly pillar under the welfare）」とも称される［Torgerson 1987: 116-126］。しかし、このような特徴があるからこそ、居住福祉に関して国家の役割がさらに重要となる。

第Ⅱ部　老いゆく団地

総五〇二〇戸の桐ヶ丘団地は一九五二年から一九七六年にかけて建設された。現在、桐ヶ丘団地が建てられてから最も古い建物で六〇年以上が経っており、団地の老朽化とともに住民の高齢化も進んでいる中で、団地の建替えが行われている。第Ⅱ部では、老いてゆく桐ヶ丘団地における団地暮らしの歩みを記述する。引揚者の臨時住宅地「赤羽郷」から桐ヶ丘団地の誕生までをたどり、地域自治会を中心に、地域に根を下ろしているコミュニティのありさまを振り返る。近年の桐ヶ丘団地は、高齢化をめぐる政策的な仕組みや社会的対応が見て取れる空間でもある。団地内に位置する桐ヶ丘デイホームでのフィールドワークから、地域社会における「介護（予防）」のさまざまな実践の様子を探ることで、「地域」における「自立」の意味を明らかにしたい。

第３章　都営桐ヶ丘団地の暮らし

本章では、「赤羽郷」時代に遡って、都営桐ヶ丘団地が建設された背景を探る。また、地域の歴史資料や、古くから桐ヶ丘団地に暮らしている住民たちの口述をもとにして、地域コミュニティの根幹としての自治会をはじめ、桐ヶ丘団地での暮らしの歴史をたどっていきたい。古くからの住民たちが共有する記憶や経験は豊かな地域コミュニティの基盤であって、桐ヶ丘団地ならではの「団地方式」を維持する基盤でもある。一方で、居住福祉の衰退が都営住宅コミュニティにいかなる影響を及ぼすのかを議論したい。

1　都営桐ヶ丘団地の誕生

1－1　引揚者の臨時住宅地「赤羽郷」

終戦直後の一九四六年当時、東京都同胞援護会は、都内にある約二〇か所の元軍用建物を引揚住宅

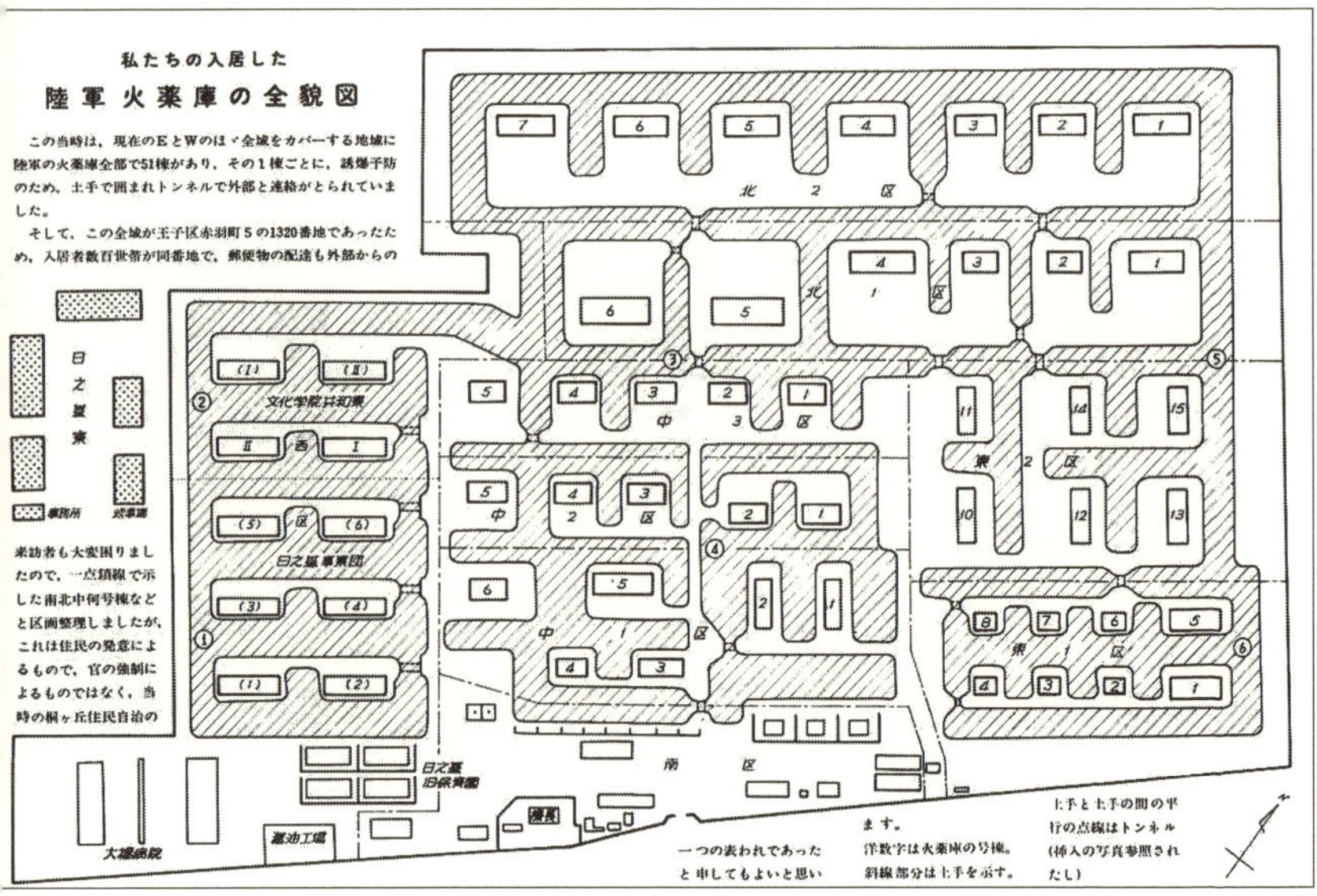

図 3-1　赤羽郷の住まい（旧陸軍火薬庫の全貌図）［桐ヶ丘 35 年史編纂委員会（編）1981：83］。昭和 21 年 3 月 15 日に赤羽郷へ一番乗りで入居したという住民のインタビューに載せられた図である。現在の E 地区と W 地区のほぼ全域をカバーする地域に 51 棟の旧陸軍の火薬庫があり、その 1 棟ごと誘爆予防のために土手（斜線）で囲まれた（写真 3-1）。図で土手がくびれているところにはトンネルがつくられ、外部との連絡はこのトンネルを通してとられていた。数字は火薬庫の号棟、敷地を区切る線は住民たちがつけた居住区画を示す

写真 3-1　昭和 20 年代の火薬庫の屋根と土手（渡辺肇氏撮影、北区行政資料センター蔵［北区飛鳥山博物館（編）2003：11］）

として管理していた。その中で、のちに桐ヶ丘団地となる空間は、旧陸軍火薬庫跡地にあたり、一五万坪の敷地の中に散在する壕舎や兵舎に引揚者や戦災者五〇〇〇世帯、二〇〇〇〇名を収容する大規模なものであった。東京都が設営したこの引揚者用の応急住宅地は、「赤羽郷」と命名された［桐ヶ丘35年史編纂委員会（編）一九八一：一三三―一三四］。桐ヶ丘団地の歴史はここから始まる。古くから住んでいる住民はその赤羽郷時代を昔話のように語ってくれた。

写真 3-2　赤羽郷時代のどろんこの道［桐ヶ丘 35 年史編纂委員会（編）1981：83］

四国から嫁に来たの。昭和二八年に結婚して、三三年に団地に来るまでの五年間を赤羽郷で住んで、私は一番初めにここ（桐ヶ丘団地）に来たんです。今年で六〇年になったのよ。主人の親戚が満州からの引揚者だったから、主人が田舎から出てきて（赤羽郷で）同居したの。結婚して、最初びっくりしたのよ。私たちの火薬庫跡には南側の六畳の四部屋、北側四・五畳の五つで九世帯が一つの建物に住んでいたの。隣りの人のしゃべっていることが全部聞こえる。押入れで仕切られたから。私のところが一番奥で断水したり、手洗いも傘をさして、飲み水もトロッコで運んだりした。

写真 3-3　桐ヶ丘文化生活協同組合の風景［東京都北区 1986：34］。桐ヶ丘文化生活協同組合は関東地域ではじめての生協であり、中国からの引揚者たちが資金を出して立ち上げたという

（二〇一三年一一月、山田さんへのインタビュー）

「赤羽郷」の暮らしを一九八一年に編纂された『桐ヶ丘35年史』から見てみると、当時、赤羽郷の内部は迷路のようで、「外部の者が入ったら出られない」「犯罪の巣窟」「大変なスラム街」などと認識されたという。警察も何か事件が起きると郷の事務所で住民の名簿を閲覧したと書かれている。しかし、当時の暮らしの記録を見ると、外部の差別的な視線はあったものの、赤羽郷は早くから住民自治が芽を出した地域であったことがわかる。

一九四六年末頃には郷内の整備にかかり、一棟を平均九つの区画に分け、窓や出口をつくって部屋に畳を入れ、共同の流しやトイレがつくられた。一九四七年には運営協議会が結成され、赤羽郷内の連絡や福祉、配給や対外交渉などの活動を行った。一九四八年以後は建設資材の統制も外され、窓もガラスとなり、施設が整備された。また、地域管理のため赤羽郷内を東、西、南、北、中と区画化し、その各区を北一区、北二区のように区切った。また北一区を一号棟、二号棟などに細分して各棟の棟長が連絡、配給、治安を担当した。中国から帰国した主婦八名が先頭になって、「桐ヶ丘文化生活協同組合」が誕生し、その後関東で最大の地域生協に成長する。商店街もその頃から形成された。

当時、赤羽郷の子供たちが通った小学校は遠く、火薬庫跡に住んでいることで差別される問題もあったため、赤羽郷内に小学校新設の運動が起きた。そして一九五二年に、学級数一六、生徒六〇〇名、木造二階建ての北区立桐ヶ丘小学校が開校した。校舎が建てられた当時、校舎のまわりに太い桐の木が散在していたことから、「桐ヶ丘小学校」と名づけられ、それが団地名にもなり、一九六四年からは町名ともなった〔桐ヶ丘35年史編纂委員会（編）一九八一：九五―一四二〕。一方、「赤羽郷」は、この一帯を指す地域名としてかなり長い期間使われた。ある住民は、「昭和五〇年頃までは、桐ヶ丘団地でも、E、Wとかのあたりは赤羽郷とした」と言う。古い住民たちには「赤羽郷」は「桐ヶ丘団地」の前身という認識があって、現在も赤羽郷という名称は商店街付近のバス停に残っている。

1―2 「文化住宅」としての都市計画

『北区史』『団地ライフ』などの地域の歴史資料から、桐ヶ丘団地の建設過程を見てみる。一九五二年当時、赤羽郷が位置した約一四・五万坪の国有地は、東京二三区に残された数少ない広大な更地で

写真 3-4　団地と旧火薬庫住宅［桐ヶ丘35年史編纂委員会（編）1981：23］

あった。桐ヶ丘団地の建設は、一九五三年、北区議会内で「グリーンハイツ誘致委員会」が設置され、東京都の計画に北区としても協力する形をとることで開始された。一九五四年には「グリーンハイツ」から「桐ヶ丘文化住宅」と名称を変更し、当時の都営住宅計画としては最大規模の「一団地住宅の経営」としての都市計画が決定される。実際には、決定以前から建設が始まっており、一九五六年にはすでに三棟（約一〇〇戸）が完成していた。

「一団地住宅の経営」とは、良好な住環境を有する住宅の集団的建設と、これに付随する公共・公益施設の総合的な整備を図ることを目的として、都市計画規制などでも特例措置を得られるものであった。すなわち、就労以外の機能を一団地の範囲内で満たすことができるように、電気・ガス・上下水道などのインフラや、公園、道路、学校、保育所、集会所、商店、マーケット、銭湯、区の出張所、郵便局などを備えることが目指された。また、大きな公園などの中心施設の周囲に建物を配置したブロックが設置され、そのブロックの中には、小公園や集会所など、住民のコミュニケーションを図る施設が計画的に配置され、一つの団地を形成することとなる。「一団地住宅の経営」に基づき、桐ヶ丘団地には、公園や体育館、二つの小学校、中学校、高校、商店街、公衆浴場、集会所七か所などが設置された[26]。

桐ヶ丘団地は、大規模な都営鉄筋住宅の「第一号」として「桐ヶ丘文化住宅」とも称された。一九五二年、ベルギーで開かれた第二四回世界住宅都市計画会議でも桐ヶ丘団地の事例が報告されたほどで、当時としては画期的な団地計画であった。旧軍用地を転換して住宅団地を計画したため、敗戦後の復興、戦後への移行を象徴する団地として、外国人の視察も多かった［北区史編纂調査会（編）一九九四：三〇三―二〇四／同一九九六：二五五―二六〇／

写真 3-5　完成当時の桐ヶ丘団地。4 階建ての平行配置［桐ヶ丘 35 年史編纂委員会（編）1981：23］

写真 3-6　完成当時の桐ヶ丘団地［北区飛鳥山博物館（編）2003：50］

北区飛鳥山博物館（編）二〇〇三：五九］。

桐ヶ丘団地が建築される過程で、赤羽郷に住んでいた住民たちはどうなったのだろうか。一九五三年、赤羽郷も計画に含まれることになり、住民には桐ヶ丘団地への入居の優先権が与えられた。当時から赤羽郷に暮らしてきた住民へのインタビューでは、「私たちは一番最初に選んで入った」というが、先ほどの山田さんは、家賃の問題で入居できなかった住民も多かったと語った。赤羽郷の引揚者住宅は六畳部屋で家賃が一〇〇円から二〇〇円、そして六畳と四・五畳の部屋と台所がある木造部屋の家賃が五〇〇円であったという。しかし、団地の家賃は二〇〇〇円から三〇〇〇円であり、一九五六年には「団地の家賃が高すぎる」と、赤羽郷の住民からの抗議が相ついだ。その後、赤羽郷からの立ち退きが決定されたが、家賃をめぐる交渉が難航するなど、赤羽郷住民への対策は難題となった［桐ヶ丘35年史編纂委員会（編）一九八一：一五五／北区史編纂調査会（編）一九九六：二五七―二五八］。赤羽郷から桐ヶ丘団地へ一九六一年一二月に入居したと述べるある住民は、赤羽郷では家賃が二二〇円で、隣りの四畳半の部屋の家賃は六四円だったが、「文化住宅」（団地）に入ろうとするといっぺんに家賃が二七〇〇円になり、差が大きすぎて近所では二世帯だけしか入居できなかったと回想した。彼女は、結局一番最後には家賃を下げ、最後まで残っていた赤羽郷の住民たちを団地へ移住させたとも記憶していた。

一九七六年、ようやく総五〇二〇戸の桐ヶ丘団地が完工した。最初の計画としては、一九六一年に完工する予定であったが、建設省から東京都に割り当てられる鉄筋アパートの戸数不足や地価上昇に伴う用地買収の難航のために、一九五九年の時点で四分の一しか建てられていなかった。東京都の資料である「都営桐ヶ丘団地建替事業などの概要」から今日の建替え対象の五〇二〇戸の年度別建設棟数、戸数を確認すると、表3-1のようであった。

六畳と四畳半の部屋、ダイニング・キッチン、バスルーム、ベランダも備える革新的な2DKが六割を占めていた桐ヶ丘団地は、建設初期の時点ではまさに「文化住宅」であった。しかし、完成までにかなりの時間が経ち、完成した時点から見れば、2DKの比率が六割であることは、かえって桐ヶ丘団地を、当時の他地域と比較してもつつましやかな団地として評価させる根拠となった(27)［北区飛鳥山博物館（編）二〇〇三：六〇、二六二］。日本女子大学の篠原研究室と野村不動産の共同研究による東京

年度	棟数	戸数	率	棟数	戸数	率
S29	2棟	64戸	1.3%	2棟	64戸	1.3%
S30	1棟	32戸	0.6%	116棟	3,793戸	75.6%
S31	9棟	307戸	6.1%			
S32	9棟	312戸	6.2%			
S33	10棟	341戸	6.8%			
S34	11棟	360戸	7.2%			
S35	19棟	609戸	12.1%			
S36	23棟	692戸	13.8%			
S37	10棟	332戸	6.6%			
S38	16棟	396戸	7.9%			
S39	8棟	412戸	8.2%			
S40	4棟	123戸	2.5%	26棟	1,101戸	21.9%
S41	8棟	278戸	5.5%			
S42	1棟	32戸	0.6%			
S43	4棟	288戸	5.7%			
S44	4.5棟	180戸	3.6%			
S46	4棟	190戸	3.8%			
S48	0.5棟	10戸	0.2%			
S50	1棟	32戸	0.6%	2棟	62戸	1.2%
S51	1棟	30戸	0.6%			
合計	146棟	5,020戸		146棟	5,020戸	

・浴室あり住宅 － 1,362戸 （27.1%）
・浴室なし住宅 － 3,658戸 （72.9%）

表3-1　桐ヶ丘団地の年度別建設棟数・戸数（1954年～1976年）［東京都都市整備局 2015a］。総5020所帯の中で浴室のある住宅は1362戸であった

を中心とした民間分譲マンションの供給事例を参考にすると、初期の住戸は、2LDKが過半を占めたが、一九七〇年代に入ると3LDKが増加し、特に供給戸数が増加した一九七〇年代後半には3LDKが全体の約八割を占めるようになることがわかる［篠原 二〇一五：四六］。

　住宅の数が世帯数に追いついたのは戦後二五年も経過してからのことであった。公営住宅は、戦後の膨大な住宅需要の中にあって、民間住宅を先導する、きわめて重要な役割を果たしたと評価される。しかし、桐ヶ丘団地が完全にできあがるまでの間に、日本社会はす

写真 3-7　E47 棟の外観。E47 は 1 階にスーパーがある 14 階建てで、建替え前は団地内の唯一の高層建造物であった。E47 は 182 世帯全部が 6 畳、4・5 畳、3 畳の 2DK の間取りとなっている（2014 年 3 月撮影）

写真 3-8　E47 棟のフロアから見る中庭の様子。中庭を念頭において住戸を四角に配置してある様子から、建設当時の建築的な実験が見て取れる。桐ヶ丘団地には 6 階立ての中層式住宅や、当時としては画期的であった 14 階建高層住宅が建てられ、高低の変化がつけられた（2014 年 3 月撮影）

でに戦後から高度経済成長期へと移行しており、公営住宅のそれまでの役割も終わっていた［大本 一九九一：三四二］。その間に住宅面積の拡大や設備の改善、あるいは環境の向上や多様化が急速に進んでおり、桐ヶ丘団地が完成した時には、団地という住居様式はもはや「憧れ」とはいえない空間となっていたのだ。

2　桐ヶ丘団地に刻まれている人生

ここでは重要なインフォーマント（資料・情報提供者）の団地暮らしを中心に、彼（女）らのライフヒストリー（団地歴）を簡単に紹介する。

山田さん（女）は、四国から嫁に来て一九五三年から赤羽郷に居住した。団地建設とともに一九五八年には団地へ入居した。一九九〇年から「デイホーム桐ヶ丘」で食事を提供した「さくら会」（後述）のリーダーとして活躍し、その後も皮革工芸などを教えるボランティア活動など、地域活動を続けてきた。建替え第1期に該当して、一九九八年には同じ北区の浮間にある都営住宅へ一時移転した。そこに三年間住んでから現在の号棟へ戻ってきた。二〇一三年のインタビューで山田さんは、「ここに住んでちょうど六〇年になった」と語った。

高野さん（女）の夫の親戚は満州からの引揚者で、戦後赤羽郷に一時定着した。そこで夫も四国の

写真 3-9　N 地区にある古い号棟（2010 年 6 月撮影）

田舎から出てきて、赤羽郷で親戚と同居した。高野さんは一九五三年に結婚してから赤羽郷に来た。赤羽郷暮らしは「最初はびっくりした」という。当時は周辺が全部畑だったと回想する。高野さんは子供二人を団地で育てた。建替え第1期で、団地内で二回引っ越しをした。赤十字の活動など、地域で活発に活動する人である。

一九三二年生の川松さん（男）は、子供が小学校五年生になった一九七四年に桐ヶ丘に移り住んできた。注射器の金属針を製造する会社に勤めたが、針がプラスチックになる時代になってからは仕事をやめたという。配送センターで六〇歳の定年まで働き、その後、親戚のところで配送の仕事を五年間手伝った。隣り近所の自治会役員に誘われて「ふれあい館」（後述）を管理している。

仙台出身の橋元さん（男）は、大学に入りたかったが、残業も多くて学校へ通えず、仕事をすることになった。一九七七年に空き部屋抽選で文京区の民間アパートから引っ越してきた。夫婦と子供二人の四人家族で桐ヶ丘団地に来て、末子がここで生まれた。最初の家賃は一万円程度で、収入に応じて五万から七万にもなった。一九九六年の建て増しで一間増やし、風呂ができた。五五歳まで印刷会社に勤め、その後一〇年間、親戚の店で販売の仕事を続けた。

神田さん（女）は一九三九年、大分県に生まれた。小学校へ上がる前に料理屋をする親戚が住んでいた朝鮮へ行って、その後満州へ行き、敗戦で帰国した。まずは夫の実家の新潟に腰を落ち着けたが、二年後東京に来て、上野の親戚の印刷屋で働いた。都営住宅に申し込んでも、なかなか当たらないから、もう申し込まないと思ったが、その一〇回目に抽選で当たった。八畳の民間アパートから桐ヶ丘団地に引っ越してきて、三人の子供を桐ヶ丘団地で育てた。

花江さん（女）は、一九三五年、秋田県に生まれた。赤羽駅近くのアパートに住んでいた当時、桐ヶ丘団地を見て「この団地に入りたいな」と思ったら、抽選一回目に当たった。入居した一九五六年当時、民間アパートの家賃が五〇〇〇円で、団地の家賃が二八〇〇円だったので助かったと述べる。団地で女と男の二人の子供を育てた。

片倉さん（女）は看護婦として働いたが、父が亡くなってから病院をやめて、美容師になった。民間アパートから、一九九八年に申し込んで桐ヶ丘団地へ入居した。入居の時は家賃が五万円位だったが、仕事をやめてから家賃もだんだん安くなったという。

一九三三年生まれの小川さん（男）は、小学校まで満州に住んでいたが、敗戦で帰国して島根県に住んだのち、一五歳頃に一人で東京へ来た。働きながら高校に通いたかったが、印刷所で働くことになった。勤め先をいくつか転々としたが、最終的には早稲田近くの印刷所で三〇年くらい仕事をして定年退職した。桐ヶ丘団地には子供が一歳になった一九六〇年頃に来た。一〇回以上申し込んで、やっと当たったと回想する。現在、娘と息子は独立して近くのマンションに住んでいる。

安藤さん（男）の実家は本郷の東大のそばであった。小学校三年の時に、空襲で飛行機が来ると逃げろ逃げろと叫んだと回想する。周りは全部焼けてしまったが、実家は残ったと語る。東京オリンピックの年に、空き部屋抽選で桐ヶ丘団地N地区に入居した。当時は集会所や公園もなく、ただ建物が並んでいる状態だったという。四階まで皆で一緒に入って隣人とはすぐ仲良くなり、当時からの人がまだ何人か残っていると語った。大学を卒業してから三菱や松下の会社で働いたが、一九八六年に退職して、その後はハローワークを通じて一〇年間働いた。団地に来る前の文京区のアパートは六畳一間だけで、共同の台所、便所だったので、はじめて来た時に「こんなに広いんだ」と思った。夫婦と長男の三人家族で2DKに入ったが、ここで三人の子供を育てた。

浅田さん（女）は一九二四年生まれで、結婚して千葉県に住んだ。一九七八年頃、抽選で桐ヶ丘E地区へ三人家族で入居した。建替え第1期であったため、二〇一〇年のインタビュー当時、「建替えしてから八年になった」と話した。夫は染色の会社に勤めながら地域自治会にも積極的な人物であったが、新築入居の直前に亡くなり、浅田さんは1DKに入居した。

中村さん（男）は新潟出身で、戦時中に日本農民専門学校に通うため茨城に来た。そして、戦争が終わった翌年に東京に来て、江東区で自動車修理の仕事についた。結婚して文京区に長く住み、末子が中学校に入学した一九六三年に桐ヶ丘団地の隣りに位置する都営西五丁目団地に引っ越してきた。文京区では、共同トイレで四畳半の部屋が二つの民間アパートだったので、初めは2DKがすごく広く感じられたという。近くに銭湯はあったが、自分で風呂を買って設置した。タクシーの運転手をして、退職頃は社長の個人運転手として勤めた。家族は子供二人と夫婦で、現在は夫婦で生活している。都営西五丁目団地は、一九七一年から一九八一年にかけて、全体が三九・五平方メートルの2DKとして建てられた。全体で六〇〇世帯あり、五年経つと一〇〇戸ぐらいが替わると述べた。桐ヶ丘団地の建替えが終わると五丁目団地の順番になるかと思っている。

代々東京下町に住んできた一九三二年生まれの安田さん（男）は、桐ヶ丘団地の最後の号棟が建てられた時に入居した。引っ越した時に長男は結婚して独立した。四階建ての号棟に三二世帯が住んでいるが、半分は最初からの住民であるという。

吉村さん（男）は一九三六年、栃木県で生まれた。一九六〇年頃に団地に来た。当時は交通が不便で道路整備が遅れていたが、桐ヶ丘団地は今後発展する地域だといわれ、空き部屋抽選に応募した。ここで子供二人が生まれた。タクシーを運転していたが、退職してから一〇年くらいは老人ホームでボイラー関連の仕事を続けた。

西村さん（女）は三人の子供を団地で育てた。中国からの引揚げで、一九五三年から赤羽郷に住み、

写真 3-10　桐ヶ丘団地 N 地区（2017 年 7 月撮影）

赤羽郷から桐ヶ丘団地に来ると同時に結婚した。団地に入居する際は、抽選なしに好きな部屋を選べた。2DKに五人が住んだので、布団を並べて、頭を合わせるように寝たと回想する。その当時のN地区を「山とか谷とか」と回想する。E地区から建替えで現在の2DKへ引っ越してきた。夫が癌で亡くなってから、母親を連れてきて亡くなるまでの二年間介護した。同じ宗教の住民たちが集会所を借りて、「したしみの会合」をしたりする。

木村さん（男）は朝鮮戦争の時期に、両親、子供三人と夫婦の大家族で入居した。最初は交通の便が悪かったが、子供たちが通学するようになった時期にバスが増えてよくなった。

山崎さん（女）は結婚して練馬から来た。一九六三年に引っ越しをして、洗濯機、テレビを買った。一九七三年には電話を入れたと回想する。三人の子供を団地で育てたが、今は一人暮らしで1

DKに住んでいる。

鳩山さん（男）は一九三二年に生まれた。戦時中は東京下町の知り合いの家に住んでいて、空襲の時には小学校に避難した。その後、一戸建てに十何人もの人とともに住んだと回想する。一九六二年に桐ヶ丘団地のW地区に入って団地生活が始まった。入居当時は、桐ヶ丘団地の商店街以外の場所で買い物しようとすると、隣町の十条まで一時間くらい歩いたと語る。3DKで三人の子供を育てた。3DKとはいっても、一間は三畳だったので、面積は2DKと同じくらいであったと述べる。

佐々木さん（女）は一九三八年山形県に生まれた。田舎では仕事がなくて、東京に来た。そして、東京でお見合い結婚をした。何回も外れたが、ついに桐ヶ丘団地と近くの浮間の都営団地の両方に抽選で当たった。担当者に聞いて、桐ヶ丘団地を勧められてここに来た。浮間はその頃、部分的に川が氾濫する恐れがあったという。夫婦と五〇代の未婚の娘が同居して3DKに住んでいる。

小庭さん（女）は住み込みの仕事で板橋に住んだ。結婚してからは富士見台の六畳二間のアパートに住んだ。都営住宅の申込では、収入オーバーでダメだったが、翌年収入を減らしてまた申し込んで入った。その時は、収入の証明書が会社から発給されたため、病気などで収入が減ると、申し込むことができたという。子供が幼稚園に上がったばかりの時に入居した。

ある住民は、昔は家に風呂がなかったため、夜には多くの住民が団地の中の銭湯に集まって「すごかった」と回想した。「良かった過去」へのロマンティックな回想やノスタルジアは、古くから桐ヶ丘団地に住む住民たちに共通している。住民たちは、かつての皆若くて子供がいて、仕事があり、商店街もにぎやかで、祭りも盛んだった時期を懐かしく回想する。

トンネルで連結されていた四畳半の部屋、共同の台所やトイレの赤羽郷から団地に来た時には、六畳、四畳半、台所、トイレ、流し、ベランダがあって、すごいと思った。当時民間住宅は非常に高かった。民間では一畳で家賃一〇〇〇円から一五〇〇円だったから。桐ヶ丘団地は三六〇〇円で２ＤＫだったので安かった。赤羽郷よりはうんと高かったけれど。２ＤＫに祖父母、夫婦、子供三人が住んで、子供は布団を出してから押入れで寝かせたりする人もいたとも聞いた。

（二〇一二年一一月、山田さんへのインタビュー）

古い住民たちは、田舎から出てきて東京で仕事や住まいを探したり、結婚したりしながら転々としていたが、「宝くじ」のような都営住宅の抽選に当たると同時に、そんな生活が終わったと語る。乳児のいる時期から住んできたケースが多く、「子供が山のように集まって遊ぶ」時代だったので、子育てを中心とした近所付き合いが活発であり、自治会活動も盛り上がり、にぎやかで楽しかったと回想する。特に、どの家も２ＤＫか３ＤＫの同一の間取りであり、仕事や収入、家族構成にも大差がない庶民的で平等な雰囲気があって、隣近所の人たちと仲間意識を持てたと住民たちは述べる。桐ヶ丘団地への入居は、建物ができた順番に連続的に行われた。

写真 3-11　古い号棟の廊下（2017 年 7 月撮影）

団地が形成された初期には、建物が建てられただけであったため、自治会の急務は環境整備であったが、住民の協力でそれが可能となったのだ。一九六四年にN地区に入居したある住民は、当時の桐ヶ丘団地の様子を、集会所や公園もなく、建物のみが並んでいたと回想する。また、浄化槽の跡地に東京都が住宅を建てようとしたが、住民との交渉で自治会にそこの管理を任せ、「ふれあい場」を作り出したという。そこが団地祭りの盆踊りや夏の朝には体操の広場として使われてきた。彼は、自治会の集会所、なかよし公園やわんぱく公園も、住民たちが主導して造ったものだと語る。

二〇一二年当時、まだ建替え移転が行われていなかったN地区の住民へのインタビューから、桐ヶ丘団地の古い住民が現在どのくらいここに住んでいるのかを見てみよう。一九六五年に入居した小川さんは、入居した当時同じフロアにいた一〇世帯のうち、三世帯が二〇一二年まで一緒に住んでいると語った[28]。桐ヶ丘団地の建設が終わった後の一九七七年に入居した住民は、当時ともに入居していた住民の半分ぐらいが残っているという。「一度入ったら出ないところが公営団地」だと住民たちは話す。「賃貸のマンションに住んでも自分のものになるわけではないし、都営は家賃さえ払えばいい。出されない限りは出ない」と語った。

桐ヶ丘団地は、所得が上がったら離れようとするところではなく、収入制限で立ち退きさせられないように、妻が「夫の収入との合計を考慮しながら」時給でアルバイトをしたりする、長く住みたい場所であった。収入オーバーで立ち退きの通知をもらっていた人も、「状況を考えたらここで住むのが一番いい。立ち退きの手紙がたくさん届いたが、強制ではないので、何とかして出なかった。一時的に収入が増えたとしても、持ち家を買うお金はないし、結局は退職して年金生活者となるので、それを考えたら、公営住宅で住み続ける以外にない」と語っていた。また、「公営」という条件が保証する「安定」だけではなく、数十年間生活してきた場所であるために、出られないところでもある。多くの住民の心の中には、「税金でお世話になっている」という気持ちと同時に、「終の棲家」だという感情が交錯しているように思われた。

3　桐ヶ丘団地の地域コミュニティ

3-1　自治会——「公営方式」の住民組織

日本社会においてコミュニティという概念は、戦後の大量の団地建設の中で、新規建設住宅地で親密な近隣関係が形成されることを期待して用いられる言葉であった〔大月 二〇一四：一六〕。一方で、団地は他人に対する無関心を誘発する空間として経験され、認識される空間でもあった。一九六一年の『婦人公論』では、「つきあいの荒地、団地生活」というタイトルで、団地の人間関係を東海道線の特急列車に乗っている、たがいに物体のように存在する乗客たちに比喩する〔原 二〇一二：六六〕。しかし、公営団地の場合、住民たちが団地の環境を管理する仕組みのため、住民同士は特急列車の乗客のように無関心ではいられなかった。私的空間と公的空間を分離する「団地」という空間配置の中で、共同生活を維持するための自治組織の仕組みとして、日常的な対面関係を基礎とした公営団地ならではの独特なコミュニティが維持されてきたのだ。

自治会とは、「同一地域の居住者または民間団体が、自分たちの社会生活を自治的に運営していくためにつくる組織」（『大辞林』第三版）である。自治会は一般的に任意の会で、入会するかどうかは個人の選択にまかされる。しかし、公営住宅では、「維持管理」のため、住民の自治会加入が義務化され、自治会に会費を払い、維持管理に必要な費用を負担するシステムがとられている。住民たちは、掃除などの環境整備活動に参加し、順番に各フロアや各棟の役員を務めるようになっている。各号棟の掲示板には、掃除当番やさまざまな行事など、常に自治会のお知らせが貼られている。

二〇一二年一一月現在、二〇〇世帯が暮らす27号棟自治会の組織を見ると、会長、部会長二名、会計二名、事務局員三名、婦人部、防犯防火部、青少年部、赤十字部、集会所管理と会計、会計監査、リサイクル担当の役員がおり、フロア長も各フロアにつき二名であった。大きい自治会にはシニアクラブもあり、自治会によって下部組織の規模や活動は異なる。

自治会の環境整備活動を見ると、フロアごとに週一回フロアを掃除し、簡単にフロア会を行う。そして、フロア長たちの号棟会があり、月一回の各自治会の定期会議には号棟長や自治会役員が参加する。それゆえ、「顔を出さない住民」以外は、住民どうしが少なくとも毎月一回顔を合わせることになる。フロア掃除や草むしりにはたいてい女性住民が参加するが、号棟長や自治会長は男性が務めているのも目立つ。自治会の掃除について、自治会長たちは綺麗にすることより無事に生活しているかを確認することが目的であると述べる。不参加者から「罰金」を徴収する自治会もあるが、「そこまではしない」自治会もある。月一回は団地全体で二〇人近くの住民がボランティアとして古新聞などの廃品を回収し、その収益を自治会の活動費にする。自治会の規模や建物の形が異なるため、自治会ごとの運営方法は「それぞれ」である。

自治会やシニアクラブ、民生委員の役員のほとんどは、自治会の活動を二〇~三〇年以上やってきた七〇代以上の住民である。それゆえ自治会活動に活発な住民どうしはお互いの家族の歴史を共有し、堅固な地域コミュニティを構成している。地域の活動主体が高齢者であるため、年齢で排除されることもない。地域の自治会長たちは、「あとを継ぐ人がいなくてやむをえず長く関わっている」と語るが、健康上の理由で自治会長をやめるしかない場合、かなり残念がる様子だという。古くから住んでいる住民たちは、特定の区域を何号棟と言わず「だれだれのところ」と称するなど、役員の名前で団地の見取図を描いたりもした。

自治会に加入義務があることや、自治会を中心にした環境整備で持続的な活動が行われるためであろうか、自治会の人びとは桐ヶ丘団地の近隣関係は他の集合住宅より活発だと語った。二〇一一年、高齢者福祉施設「桐ヶ丘やまぶき荘」の高齢者相談担当者によると、建替えなどで雰囲気が変わったが、桐ヶ丘団地では近所からの「隣りの人の様子がちょっとおかしい」という連絡で助かる場合が多かったと語る。

では、住民にとって、自治会は日常的にどのように経験されるのだろうか。建替え第1期のC号棟のある住民の場合を例として見る。浅田さんは、もともといたE1自治会から建替えで現在の号棟へ一人世帯として引っ越してきて、現在は東自治会に属している。毎月第二日曜日にフロアの掃除を行い、不参加時には五〇〇円を払う。浅田さんは、暑い日には熱中症の恐れがあるため、掃除には参加せず「罰金」を払うことにしていた。フロア掃除が終わってからのフロア会議がエレベーターそばのベンチで開かれる。フロア長は一年の任期で順番に変わる。そして、三つの階ずつの決まった順番で毎月周囲の草むしりが行われ、不参加の場合には一〇〇〇円を支払う。

D号棟の自治会の場合、二〇一一年一一月現在、一人世帯七三戸、二人世帯六七戸、三人世帯三一戸、四人世帯一三戸、五人世帯五戸、空き部屋一〇戸として構成されていた。一二世帯が週二回、交代でフロアの掃除をし、順番で月一回エレベーター、南側玄関、北側玄関、外回りを掃除する。分担表は一階の掲示板に貼ってある。年一回は専門の清掃員に頼み、ゴミ処理についても専門清掃員を一人雇っている。自治会費も自治会ごとに異なる。D自治会の場合、一人暮らしは月一八〇〇円、二人の家族は二〇〇〇円を出している。自治会役員と号棟長の会議も月一、二回、集会所で行われる。

その一方で、自治会に露骨に非協力的な住民も存在するようであった。ある自治会長は、「掃除にも出ないし、自治会費を払わない人もいるが、自治会費で費用を払うエレベーターも電気を使ってい

写真 3-12　桐ヶ丘団地第2自治会の納涼盆踊大会のお知らせ（2010 年 7 月撮影）。規模の小さい自治会は、お祭りの代わりに餅つき大会やお茶会を行ったりもする。10 月には自治会連合会が主催する運動会が開かれる

写真 3-13　桐ヶ丘 N 地区第 1 自治会の祭。この地域で育ち、大人になって団地を出た 2 世たちが団地祭りに子供を連れてきた。お神輿は N 地区をひと回りした（2010 年 8 月撮影）

るから、払わないと困る」と「孤立する住民」を批判した。こうした非協力的な住民の問題があるにせよ、公営団地のコミュニティにおいて、自治会がその柱となるのはいうまでもない。夫が車いすを使うようになってW地区から新築のC号棟に引っ越したある住民は、移ったばかりの時期に、隣りの名前さえわからないまま、順番によってフロア長になって最初は困ったと語った。フロア掃除もあり、毎月一回はフロア長の会もあって大変だったけど、そのおかげで隣り近所と馴染むようになったと話した。

3-2　自治会の歴史

桐ヶ丘団地は、一九五四年から二〇年以上の長い期間をかけて建てられたため、建てられた順に入居が行われ、各自治会が成立した。表3-2で示したように、最初の自治会は「桐ヶ丘町内会」というW地区とE地区の連合自治会であった。そして、建設が進み、住民が増えると、連合自治会が解散し、独自の自治会が成立することになった。

W地区の事例を通じて自治会が結成される過程を見ると、一九六五年に一七棟五七一戸の自治会結成総会が行われる。その後、建てられた順にW22号棟とW20号棟が加わり、ずっと遅れてW37、38号棟の住民が入居とともに自治会に加わり、最終的にW自治会が結成される。一九六七年にW2自治会が成立し、続いて青桐自治会、その後W3自治会、若桐自治会が結成された。W地区だけで五つもの自治会が成立したのだ。E地区に関しては、一九五九年にE地区自治会ができて、その後、建てら

年度	結成された自治会
1959	桐ヶ丘町内会（W・E連合自治会）、E地区自治会、桐ヶ丘自治会
1963	N 1自治会、N 2自治会
1964 ~ 1965	E 1自治会、桐ヶ丘町内会の解散、W自治会
1966	N 53自治会
1967	W 2自治会、青桐自治会、桐北自治会
1970	W 3自治会
1971	E 47自治会
1973	若桐自治会
1974	中央自治会

表3-2　桐ヶ丘団地地域自治会の結成一覧（1959年～1974年）［桐ヶ丘35年史編纂委員会（編）1981：189］をもとに作成

れた順にE1自治会、E47自治会ができた。N地区は、一九六三年に誕生したN1自治会と、続いて結成されたN2自治会、そしてN53自治会に分かれている。

この自治会結成の一覧から、一九六〇年代に自治会の結成がかなり活発であったことがわかるが、それは団地の建設状況と一致する流れである。一九五四～五五年に桐ヶ丘地区の三つの号棟[29]、一九五六年にW地区の九つの号棟の建設が行われ、一九五七年にはE地区の三つの号棟、W地区の六つの号棟の建設が始まる。そして、一九五九年からはN地区の建設も始まる。桐ヶ丘団地の建設は、特に一九五七年からの一〇年間に集中し、一九六〇年の六〇九戸、一九六一年の七六四戸を最高にして、この一〇年間に毎年三〇〇戸以上が建設されている。

現在、桐ヶ丘団地の自治会は、団地内にある桐ヶ丘地域振興室を拠点にして北区の行政と接続されている。この地域振興室には、北区のまちづくり課の職員が常駐する。地域振興室は、地域のあらゆる会議など、住民組織の活動空間として利用される。筆者と自治会役員たちとのインタビューが地域振興室で行われたこともある。なお、北区全体には一九か所の地域振興室がある。

桐ヶ丘団地内の地域振興室管轄の桐ヶ丘自治会連合会のもとには、東地区自治会、西地区自治会、若桐自治会、N地区自治会、N地区第2自治会、桐北自治会、27号棟自治会、四ツ葉自治会、E47自治会という桐ヶ丘団地の自治会のほかにも、赤羽台団地自治会、赤羽八幡自治会、赤羽台三丁目自治会、桐ケ丘自治会、赤羽台四丁目住宅自治会、赤羽西五丁目自治会、赤羽住宅自治会といった一般の住宅地や公団団地、公務員住宅や都営住宅の自治会が属している。桐ヶ丘団地自治会の規模が一番大きいためか、地域振興室管轄の自治会連合会の会長は、長年桐ヶ丘団地の自治会長が務めてきた。桐ヶ丘地区自治会長の全体会議は毎月一回開催され、地域振興室長や自治会連合会長を中心に各自治会の会長が集まる。

区役所と自治会はかなり密接な関係を持っていた。行政にとっても、都営住宅の運営のため自治会は欠かせない組織である。たとえば、世帯数により区からの補助金があったり、区のお知らせが自治会を通じて伝わったり、自治会長が区の各種行事へ参加したり、自治会は常に「官」とつながっていて、区は自治会を通じて防災、地域環境やコミュニティに関する仕組みを運営している。ある役員は、自治会は「役所の代理」だとも語った。また、彼は「自治会の役員は住民の小間使いだ」とも表現した。

二〇一二年一一月には、桐ヶ丘N地区第2自治会の五〇年記念式が桐ヶ丘中学校（旧北中学校）の体育館で行われた。桐ヶ丘地域振興室管轄の自治会の役員や住民、北区長や学校の校長など地域の要人たちが参加し、地域住民たちによるレクリエーションが演じられた。入院していたN2自治会の会長も、一時退院して記念式の来賓を歓迎した。N地区の五〇年記念誌も製作された。この記念誌には自治会の五〇年を振り返る住民たちの懐古談や、団地が建設された当時の入居の喜び、自治会の活躍、環境の変化などへの回想が載せられている。

写真 3-14　桐ヶ丘 N 地区第 2 自治会創立 50 年記念式（2012 年 11 月撮影）

> 桐ヶ丘都営団地N地区に昭和三八年五月五日、二人の子供を含め四人家族で入居して五〇年、今は老夫婦のみとなりました。当時は団地内に樹木もなく、風の強い日は建物周辺からの土煙が容赦なく窓に吹きつけ、部屋の中まで侵入する有様でした。夜になると何処からともなく漂う悪臭、また風向きによって工場煤煙がベランダの干物などを汚染する状況で、環境は良くありませんでした。

転入者の一致した気持ちは、まずは建物周辺の緑地化でした。各号館毎に植樹が始まりました。私たちは埼玉県安行までいって芝やつつじなどを求め、緑地作りに汗を垂らしたことを今でも忘れられません。当団地内の緑地化対策は、都の計画はもちろんですが、N2自治会の昭和三九年団地内緑化運動開始により、住民の献身的努力も加わり、建物周辺の植樹が毎年計画的に行われて緑地化が進み、一段と環境が良くなりました。

［桐ヶ丘N地区第2自治会二〇一二：五］

N2自治会の創立記念式が可能であったのは、自治会の規模が大きく、自治会費の余裕もあり、仕事をする人が多いからだといわれたが、何よりもN地域はまだ建替えによる本格的な移転がなく、コミュニティが安定していたおかげであった。しかし、自治会五〇年記念式のあった次の月から建替えによるN地区の移転が開始された。記念式後、N地区自治会にも大きな変化が訪れたのである。

3―3　シニアクラブ――地域老人会

北区健康福祉部健康いきがい課の傘下組織として「シニアクラブ」が運営されている。二〇一五年六月一日現在、区内には一二七か所の地域シニアクラブがある。会員数は一万二〇一一人であり、近くの東十条には北区シニアクラブ連合会がある。公式には「シニアクラブ」と称されるが、住民たちは「老人会」と呼んでいた。

桐ヶ丘団地内でシニアクラブは、自治会の下部組織として運営されている。N地区の場合、N1号棟からN23号棟のN地区自治会の下部組織として、第一町内会という会員一〇〇人程度のシニアクラブがある。第一町内会の場合、二〇一三年現在、カラオケ、ペタンク（球技の一種）、輪投げゲームなどをしにメンバーが集まっていた。シニアクラブへの加入は義務ではないため、住民は引っ越しで自治会が変わっても、昔のメンバーがいるシニアクラブへ通ったりする。第一町内会では敬老の日には福祉大会としてお弁当会を開く。また、三か月に一度は誕生日会が開かれる。

区からの補助金はシニアクラブの運営費として重要であるが、そのために会員の名簿、活動内容、

写真3-15　シニアクラブの活動。集会所で行われている第一町内会のペタンクゲーム。ゲートボールや輪投げ、ペタンク、ウォーキング、カラオケはシニアクラブ共通の活動でもある（2011年11月撮影）

写真3-16　N地区シニアクラブのカラオケ会（2011年11月撮影）

ボケない小唄の(二)
（お座敷小唄節で）

(一)
かぜも引かずに 転ばずに
腹八分目で ヌル湯好き
頭と足腰 よく使い
早寝早起き ボケまぁせん

(二)
仲間はずれで ただ一人
何もやること ない人は
夢も希望も 逃げて行き
年もとらずに ボケますよ

(三)
ゴルフに散歩 ハワイアン
テレビ体操 太極拳
ゲートボールに 寺巡り
体力付ければ ボケまぁせん

(四)
酒も煙草も のまないで
唄も踊りも やらないで
人のアラなど 探す人
ひとの三倍 ボケますよ

(五)
唱歌に童謡 囲碁 将棋
演歌ナツメロ カラオケで
植木に菜園 草花に
趣味を持つ人 ボケまぁせん

(六)
年を取っても 白髪でも
皺が増えても 若い気で
恋を忘れた ヤボな人
色気出さなきゃ ボケますト

図 3-2 N 地区シニアクラブのカラオケ会の「ボケない歌」(2010 年 10 月、N 地区シニアクラブ提供)

会計報告書を三か月ごとに提出しなければならず、パソコンができる人に仕事が集中して、その担当者の具合が悪くなったりすると大変なことになる。

マツモト・ヨシコ［2011: 198］は、日本の同年輩どうしの会話を分析し、高齢女性どうしの会話の特徴として、経験を共有している場合であれば、冗談や笑いとともに死や病気の話をすることもタブー視されていない様子（painful self-discloser）を記述する。桐ヶ丘団地のシニアクラブにおいても、外部の者には自己卑下的な冗談に聞こえる言葉が、高齢者どうしの間ではかなり日常的に発せられていた。特にそれは、「ボケた！」のように老化に関するものに集中していた。男性住民どうしが参加するN地区シニアクラブのカラオケ会では、「ボケない歌」をみんなで歌ったりもした。

近年は、新入会員が入らず、既存会員が健康上の問題で来られなくなったりして、維持されないシニアクラブも増えている。二〇一三年一一月現在、東自治会の場合、八二五世帯の一四九二名の住民のうち、七〇歳以上の高齢住民が六三二名であるほど高齢化率が高いにもかかわらず、シニアクラブは解散した。第一町内会は、解散された近所のシニアクラブの会員を吸収合併した。第一町内会の役員は、現在もギリギリの運営をしているため、建替えが近づくと解散になるだろうと語った。「高齢者ばかり」の団地においてシニアクラブの存続が「ギリギリ」であることは、桐ヶ丘団地の地域コミュニティが抱いている諸問題をそのまま表している。

3-4　ふれあい館――サークル活動の空間

桐ヶ丘地域振興室から北側の桐ヶ丘中央公園の方向へ少し歩くと、ふれあい館が見える。本来は区が設立・運営するふれあい館は、北区の職員が管理する公的な住民コミュニティの空間であったが、現在は退職した地域住民四人が交代で管理している。

二〇一〇年七月、ふれあい館で活動するカラオケ会のメンバー四人にインタビューを行った。カラオケ会は一三年以上続いており、週一回一緒にカラオケを楽しんでいた。「昔は大勢だった」というが、二〇一〇年頃にはたった三、四人のメンバーだけで活動していた。そのうち具合が悪くなったメンバーが出て、カラオケ会は解散してしまう。しかし、ここで出会ったメンバーは、自治会の婦人部のリーダーであったり、シニアクラブの活発なメンバーであったりして、調査が進むにつれてお祭りなどで再会することができた。ふれあい館を誰よりも活発に利用するサークルは、毎日午後、一階の広い畳部屋で将棋をさす二〇名くらいの男性のグループであった。筆者がN地区へ行くため、ふれあい館のそばを通るたびに将棋をさす住民たちの様子が窓から見えた。

二〇一四年七月のインタビューでは、ふれあい館を管理する住民は、館を利用するプログラムが増えて忙しくなったと語った。それは、北区内のある小学校が廃校となり、その小学校を活動空間として利用してきた人たちがふれあい館を利用するようになったためであった。

写真3-17　ふれあい館のカラオケ会（2010年7月撮影）

写真3-18　ふれあい館の活動。午後の将棋会（2010年6月撮影）

4　古い住民が共有する豊かな時代

ロバート・パットナム［2013］は、アメリカ社会におけるコミュニティへの市民参加の極端な世代差を指摘し、その最も大きい原因として、戦争体験を共有しているかどうかという問題に言及した。社会的な結束力が高まっていた時期に市民的習慣や価値観を形成した世代は、コミュニティ意識が高いという分析であった。アメリカ市民が体験した戦争とは、桐ヶ丘団地の住民が経験した戦争でもある。桐ヶ丘団地の高齢の住民たちは、聞き書き調査の過程で、団地初期の入居状況を話しながら、「何もなかった時期」という言葉を頻繁に使っていた。赤羽郷時代からここに根を下ろして暮らしてきた住民は、「戦争で財産も全部なくなったし、戦後はみんな同じで平等な感じ。格差が感じられなかった」と述べた。一九五三年の建設省住宅局の調査から、当時の公営住宅入居者の六八・一％が戦争で住宅を失った人であったことが見て取れる［有泉（編）一九五六：二三四］。引揚げや戦災による住宅困窮という共通の経験は、住民の連帯感を高めたはずである。

しかし、戦争の経験だけでなく、戦後の住宅難の中で、公営団地がどのような空間であったのかということは、団地暮らしの経験において意味深いものである。昭和三〇年代に公営団地が「宝くじ」のようなものだと呼ばれたのは、単に高い競争率を勝ち抜き、家賃の安い住居に住めるようになるからではなかった。当時、公営住宅へ入居することは近代的住宅という「憧れの空間」へと跳躍するチ

写真 3-19　建設中の団地を見にきた人たち［桐ヶ丘35年史編纂委員会（編）1981：23］

ャンスでもあった。前述のN2自治会の創立五〇年記念誌で紹介された、入居当時の住民たちの回想からも見て取れるように、古い住民たちは入居当時の喜びを「共有」しているのだ。

昭和三八年四月新天地での生活が始まった。六畳一間のアパートで暮らしながら都営住宅の募集があるたびにハガキを出して何度も落胆した。そして昭和三七年、「当選」の印刷がある都営住宅抽選結果を受け、「天にも昇る心地」だった。昭和三八年四月はじめの日曜日に会社のトラックを借りて、引っ越しした。当時の桐ヶ丘は荒地の中に建物ができた様な状態で、雨が降れば泥んこ、風が吹けば砂嵐のような、現在の体育館の所は小川でザリガニなどがいた。若い居住者たちが木を植えたりして環境の整備をした。

［桐ヶ丘N地区第2自治会二〇一二：五］

今から五〇年前の早春の日、四月から入居予定の桐ヶ丘団地を見学に来た日のことです。泥んこの山に登って42号館を目指し、幸い一階だから我が家と思うベランダに押し上げひっぱり入った。作業員も居らず工事は休みなのか、日曜だからと思った親子三人は紙を張ったガラス戸の隙間から部屋を覗いた。真っ白な壁と天井、ここにキッチンテーブルがおけるなど夢がふくらんだ。その日の帰り新居のカーテンのチューリップ模様の可愛い布地を買って帰った。幸せな一日でした。そして間もなく四月六日いよいよ引っ越し、待ち構えていた新聞屋さんの協力でスムーズに片付いた。その日からチューリップのカーテンを掛け実家で祝ってもらったテーブルをキッチンに据え記念写真を撮った。

［桐ヶ丘N地区第2自治会二〇一二：四］

昭和三八年に桐ヶ丘に入居。2DKの住まいを見たときは夢のようでした。テレビ、冷蔵庫、洗濯機など、新しいものばかり。この当時は電話も交換台を通す時代です。水道は井戸水でしたが、ちょくちょく水が止まり困ったものでした。自治会の役員さんの努力のおかげで水道にかえることができました。東京オリンピックの年には、私達の号館で一〇人もの子供が誕生し、成長しました。害虫駆除、団地祭、ラジオ体操、防災訓練、バスハイク、平成元年には集会場が広くなり、平成三年には資源回収が始まり、平成五年には集会所近くの公園が整備され、わんぱく公園となかよし公園とに変わりました。

［桐ヶ丘N地区第2自治会二〇一二：四］

コミュニティ意識は、その歴史性に基づくものである。共有されたアイデンティティは、共有する歴史によって構築される［Sennett 2013: 421-426］。その歴史を、すなわち過去の物語を繰り返すことでコミュニティの意味はさらに深まる。喜怒哀楽の記憶や感情はライフヒストリー（団地歴）という形で共有化が図られる。『桐ヶ丘35年史』に地域の歴史を語る人物たちの写真やその対談を載せたりすることによって、コミュニティの記憶は再生産され、共通のアイデンティティは強化されるのだ。集会所の壁に各年度の祭りなどの写真が飾られているのも、彼（女）らのコミュニティを彼（女）らのコミュニティにする実践であるのだ。

団地内である程度の発言権や影響力を持っており、さまざまなサークルで活躍する住民は、例外なく「古い」住民たちであった。古い住民は、政府の公営住宅政策や建替え方式に対する批判的な意見を共有したり、祭りなどの自治会行事を構想したりした。自治会の役員に対して注文を言う住民も、長い「団地歴」を通じて地域に確かなコミュニティを持っている古い住民たちである。「小さい頃に遊びに来たりした子供が六〇歳になって挨拶にきた」という話など、お互いの思い出を共有する古い住民たちにとっては、相手の存在そのものが自分のアイデンティティを証明してくれるものであった。

それに比べ、新しい住民たちは、共有するものが少なく親密感も乏しいので、自治会の義務的な活動以上のことはしていないように見える。古い住民は「新しい住民の協力が必要」で、新しい住民は「ここに適応し、馴染もうとすべきだ」という考えだったが、このような態度こそ、古い住民が自然に持てる既得権[30]の表現であるだろう。

桐ヶ丘団地において、公営住宅制度の後退過程は、「古さ」が持つ優位性をさらに強化したと考えられる。古くから住んできた住民たちは、少し上の階層の住民が団地から出てゆき、新しい住民がその空き部屋を「埋めていく」ことを敏感に感じている。老いてゆく古い住民たちには、「歳だから」年金生活をするという言い訳がある。しかし、新しい住民は、彼らとライフヒストリー（人生物語）を共有していないため、団地の衰退を証明する存在として受け止められるのだ。現在も公営住宅への入居競争倍数は依然として高く、入居は運がいいことであるのは確かである。しかし、居住福祉の最も「的確な」入居対象であることを証明してから、衰退する地域の代名詞となっている公営団地へ入居することは、かつてのように「宝くじ」に当たったようなチャンスが開かれ、期待と喜びにあふれた経験とは異なるものであるだろう。近隣どうしの相互尊重感の欠如、それによるコミュニティの分裂。居住福祉の「公平性」が現場でいかに経験されるのかという問題の核心がここにあるだろう。

第4章　介護保険時代の老いの経験

桐ヶ丘団地、中でも団地内に位置する桐ヶ丘デイホームは、高齢者福祉をめぐる日常的な実践が顕著に現れる空間である。本章では、「地域福祉における新しい公共」の議論から始め、「自立」を重視する制度の変化やそれをめぐる地域コミュニティの変容を考察する。また、介護の「施設」を避け、「依存」の状態を恥じる高齢者たちの態度から「自立」の社会的・文化的な意味を明らかにしたい。自立の意味を問い直すことは、超高齢社会における「地域」や「住居」の意味を論じる糸口になると考える。

1　地域福祉における新しい公共

戦後、日本の高齢者福祉施策は、ごく一部の低所得者を対象に、生活保護法に基づいた養老施設などがあるくらいであった。一九五五年以降、高齢者の福祉制度が独立しはじめ、一九六三年には、老人福祉法が制定され、低所得者などが優先される限界を持ちながら、特別養護老人ホーム、老人家庭奉仕員の派遣などが規定される。一九七〇年代になると、寝たきり高齢者の数やその生活実態の深刻さが問題視され、特別養護老人ホームを中心に量的な整備が徐々に図られる。

一九七三年は日本の福祉国家元年といわれる。この年には老人医療費の無料化、家族医療費の給付率の引き上げ、年金給付の大幅改善と物価スライド制などが実施され、児童手当制度も導入された。しかし、七三年末の第一次石油ショックで、日本の経済成長率は高度経済成長時代の半分以下の四％台に低下する。岩田規久男［二〇〇六：三二］は、日本は低成長時代に入るまさに直前に「手厚い福祉国家」に向かっていたのであり、一九八〇年代後半から「福祉国家の危機」に直面すると指摘する。一九七〇年代の後半から、経済成長が鈍化し、政府の財政赤字が拡大していく中で、それまでの「福祉国家」に代えて、「福祉社会」というシンボルを積極的に用いるようになった［武川 二〇一二：四三］。福祉国家から福祉社会への移行は、「国家」以外の多様なセクター、市民社会領域や市場領域、つまり家族や地域社会のみならず、宗教団体、ＮＰＯや民間企業などの多種多様なアクターが参加する「福祉多元社会」への移行を意味する。

一方、二〇〇〇年前後から「官から民へ」「中央から地方へ」という新自由主義的な制度改革が進められる中で「新しい公共」に関する学問的議論も盛んになった。一九九八年からの「公共哲学共同研究会」は、公共哲学に対する関心を呼び起こし、これを継承した「公共哲学京都フォーラム」での発言は、『公共哲学』シリーズとして出版された。二〇〇〇年三月に出された『社会学評論』第二〇〇号の特集タイトルは「二一世紀への社会学的想像力――新しい共同性と公共性」であった。二〇〇〇年代に入って本格化した「新しい公共」の議論は、社会や経済の構造変化、戦後日本の公共性の転換にあたっての研究者からの答えであった。齋藤純一〔2009〕は、日本社会において「公共性」は、市民たちが積極的に使う言葉ではなく、官製用語であったという発言から『公共性』の韓国語版序文を書く。「公共性」は「公共の福祉」のための犠牲を正当化する用語として否定的なニュアンスで認識されたが、「公共性」の概念が活発にかつ肯定的に議論されはじめたのは、一九九〇年代頃からであったというのだ。

新しい公共の「新しさ」とは、公私の二極対立から、「共」が公私を媒介するという発想を導入すること、「公的」から「公共的」へのパブリックのパラダイムの変化を示す。公共性の議論は、公共性の新しい担い手である第三セクターの役割に対する期待をも込めている。ケア領域における「新しい公共」に着目した上野千鶴子〔二〇一一a：二二〇―二二五〕は、「公でもなく私でもない」第三領域を「市民セクター」「協セクター」と称して、それを国家、市場、家族の隙間を埋める公共性の担い手として評価する。そして、新しい公共性とは多様な中間集団を媒介することから生成するのだ〔金泰昌 二〇〇二：三七五―三九三〕。

介護保険法は一九九七年一二月に成立し、二〇〇〇年四月から「介護を必要とする高齢者を国民皆で支えるための新しい仕組み」として施行される。介護施設は、六五歳以上の高齢者が市町村による要介護認定を受け、在宅・施設両面で、保健医療サービス・福祉サービスを総合的に受けられる仕組みである。『平成12年版　厚生白書』〔厚生省 二〇〇〇〕によると、「高齢化の進行に伴い、介護を必要とする高齢者が増加しているが、高齢者を家庭で支える家族の高齢化も進み、家族による介護だけでは対応することが難しくなってきていること」「家族の介護負担が社会的な問題となっていること」が介護保険の導入の背景であった。また、「社会的入院」のように、医療機関で介護が行われ、老人医療費の負担が増大することが問題視され、介護保険の実施で介護を医療保険から切り離すことが目指された。

介護保険制度が実施された二〇〇〇年は、日本が本格的な高齢社会に突入し、日本社会において格差の議論が盛んになった時期でもある。二〇〇一年にスタートした小泉政権下で社会保障費は大幅に削減されたが、人口の高齢化、そして家族と企業をベースにした日本型生活保障システムの崩壊により福祉サービスのニーズはさらに増え続ける。

その中で、地域福祉を強調する政策的転換が推進される。二〇〇〇年度には、社会福祉事業法が社会福祉法として改編され、社会福祉全般の構造改革が行われる。社会福祉法の成立以前には、「地域福祉は法律上の概念として存在していなかった」［武川 二〇〇六：一二一一三］とされるほど、社会福祉法の再編は、地域福祉をめぐる公共政策の重要な転換点であった。戦後五〇年間の「行政措置」から、当事者が選択し「契約」による福祉サービスが図られることとなり、同年から実施される介護保険制度は、行政による「措置」ではなく、個人が事業者を選んで契約する「利用者主権」に基づき、さまざまな福祉の担い手がサービス競争をする福祉多元主義を目指しているという点で画期的な制度と評価される［宮本 2011: 171］。

「国家」や「官」が「公共」を独占するのが「非効率」であるだけでなく「不可能」になった状況で、営利を求めず公益を追求する第三のセクターは、「新しい公共」の最も適切な主体に浮上する。公共哲学、公共社会学の領域において議論された「新しい公共」は、幅広い「中間集団」としての「共」セクターが「公」と「私」を媒介し、補完して、公共性を独占してきた国家的公共が相対化される「公共性の転換」に焦点を置いた議論である。このように日本社会において「新しい公共」が試みられた背景には、多様な非営利セクターが地域社会においてすでに「堅実な生活運動」[ハン・ヨンへ 2004:21] の底辺を支えていたからである。社会福祉協議会は、「新しい公共」の議論が最も活発であった二〇〇〇年度に「地域福祉の中核」としての法的地位を得た。介護保険制度の実施による桐ヶ丘デイホームの変化はこのような文脈の中で訪れる。

2　北区社会福祉協議会と桐ヶ丘デイホーム

介護保険制度を中心に公的介護政策が大きく変化した二〇〇〇年以後、桐ヶ丘デイホームは、介護保険制度の実施とともに二〇〇一年には「高齢者の通所施設」から「自立支援施設」へ、さらに介護保険制度の改定によって二〇〇六年には「介護予防施設」へと変化した。

筆者は二〇〇九年八月から二〇一〇年三月まで、桐ヶ丘デイホーム施設長の許可を得て、月二回、月曜日にボランティア活動を通してフィールドワークを行った。またその後も、二〇一七年まで団地での調査を続ける中で、デイホームを中心として行われる地域活動を追加調査した。

一九九〇年五月の桐ヶ丘デイホームの誕生は、団地の高齢化を象徴する出来事でもあった。桐ヶ丘団地W17号棟の保育園が閉園されることになり、その空間を利用して高齢者のふれあい空間として「デイホーム桐ヶ丘」が開設されたのだ。初代施設長の記録を参考にすると、デイホーム設立の計

写真4-1　桐ヶ丘デイホームの外観。団地の建替えとともに、2001年には桐ヶ丘デイホームが現在の位置に移転される。6階建号棟の1階に位置し、室内構造は仕切りのないワンルームの形で、庭もついている（2010年3月撮影）

画は一九八八年から始まった。当時、社会福祉協議会[31]が運営する高齢者の通所施設はあまり前例がなかったが、「バブルの絶頂期で行政も財政の余裕があり、失敗したら給食センターにすればいい」と、行政も実験的な施設を支援した［北区社会福祉協議会（編）二〇〇一：七］。このように、北区の支援をうけて北区社会福祉協議会（北社協）が運営する、通所高齢者在宅サービスセンター「デイホーム桐ヶ丘」が誕生した。

団地で生活の基盤を持って、子育ても終わって、自分たちがやることや出かける場所がなかったので、みんなで集まって何かをしようということになった。線引きがとても緩やかだった。区役所で料理を勉強した方たちが食事を提供できるとか、すべてがうまくいっていた。住民たちの活動が活発化して、廃油で石鹸を作ったり、大工仕事や修繕をやったりした。あの時は本当にボランティアもいっぱいだった。（二〇〇九年一二月、桐ヶ丘デイホーム施設長へのインタビュー）

デイホームは誰もがやって来て昼間の時間を過ごせる空間であって、毎日二〇名くらいの利用者が訪れたという。ちょうど保健所の栄養教室課程を修了した住民たちが「さくら会（作楽会）」を組織し、昼食を準備して、毎日二〇人ほどの利用者が一緒に食事をした。友達を連れてきたり、思い思いに昼寝をしたりするなど、当時さくら会のリーダーであった桐ヶ丘団地の住民は「今では考えられない雰囲気」であったと述べた。

桐ヶ丘団地は高齢化への社会的対応が目立つ空間となりつつあり、二〇〇一年には北区立の高齢者福祉施設「やまぶき荘」が団地内に開設された[32]。一方、団地の建替えとともに、同じ年にデイホーム桐ヶ丘は、現在の位置である新築建物の一階に移転される。その直前には、介護保険制度が実施され、デイホームの日常には大きな変化が訪れた。

介護保険の実施とともにデイホーム桐ヶ丘は、高齢者自立支援施設としての高齢者デイホーム「桐ヶ丘デイホーム」と名称が変更され、北社協は北区の委託でデイホームを運営するようになった。では、高齢者自立支援の拠点となってからの桐ヶ丘デイホームには、どんな変化が訪れたのかを見てみる。

介護保険が導入されてから、私が勤めていた滝野川デイホームでは利用者がゼロになって、利用者の募集から始めました。介護保険がスタートした時は、国もきっとそうだったと思うけど、どの程度の人が要介護になるかをつかめなかったと思うんです。始まった頃には基準が緩やかで、今なら絶対に要介護がつかないだろうと思う方も、その時はほとんど皆が要介護1や2になってしまった。ほとんどの人が要介護になったので、デイホームのような自立支援の施設には利用者がいなくなりましたね。車いすの人はデイホームには来られなくなり、介護保険の施設に行くようになりました。

（二〇〇九年一二月、桐ヶ丘デイホーム施設長へのインタビュー）

既存の利用者のほとんどが「要介護」の判定を受けたため、自立支援施設となった「桐ヶ丘デイホーム」にはもう来られなくなった。デイホームは、自立支援を目的に改めて利用者を募集することになり、スタッフたちは「いろんなところにPRに行ったり、機関紙に載せたり」して利用者を集めた。二〇〇一年に出版された『桐ヶ丘デイホーム開設一〇周年記念誌』〔北区社会福祉協議会（編）二〇〇一〕の裏面には、デイホーム利用者募集の広告が掲載されている。その対象は「一人暮らしや高齢者のみの世帯であるなどの理由により、家に閉じこもりがちな、おおむね六五歳以上の方。（ただ、介護保険制度で「要支援」「要介護」と認定された方は利用の対象になりません）」となっている。そこで、「それまでとは全く違ったメンバー」に対し、筋力体操、口腔機能向上のための体操、栄養教育、認知症予防の脳トレーニングなどの介護予防(33)プログラムが導入される。スタッフたちは介護予防施設を運営するために、改めて体操教室で体操を習ったりした。上野千鶴子〔二〇一一a：一六三〕の指摘のように、二〇〇〇年に入り「介護を必要とする者」が大挙して登場して、日本社会は世界的にも経験したことのない「ケア社会」に本格的に突入する。

一方、二〇〇五年の介護保険制度の改定では、制度の持続可能性が重視され、市町村を責任主体とした「総合的な介護予防システム」の構築が目指される。『平成17年版　厚生労働白書』〔厚生労働省二〇〇五〕では、二〇一五年には戦後のベビーブーム世代が六五歳以上となること、高齢者とそれを支える生産年齢人口の比率も二〇二五年には一人対二・一人になること、また、七五歳以上の後期高齢者が全人口に占める割合が二〇五五年には二五％を超えることなどの見通しが示された。そこで、

写真 4-2　桐ヶ丘デイホームの日常の様子（2010 年 3 月撮影）

高齢者ができる限り要介護状態とならず健康でいきいきと暮らせること、また、要介護状態となってもできる限り悪化を防ぎ、自立した生活ができる社会とすることが急務であると強調された。

また、「自立」をより徹底する観点から、要支援や要介護状態になる前から介護予防を地域で包括的・継続的に推進するための「新予防給付」や「地域支援事業」が創設される。その目的は、まず「一般高齢者を将来要支援・要介護になるおそれがある者（特定高齢者）にしないこと」、次に「要支援・要介護の必要となるおそれがある高齢者（特定高齢者）を要支援状態にしない」ということである。

このように地域密着の介護予防サービスが強調される中で、桐ヶ丘デイホームは二〇〇六年には再び、「自立支援施設」から「介護予防拠点施設」へと変わる。「介護予防」とは、「要介護状態になることを防ぐ、あるいは遅らせるための活動」を支援して、「高齢者が住み慣れた地域で自立できるようにすること」を意味する。介護予防施設となってからは、ケアプランが定める「六五歳以上で生活機能が低下し近い将来介護が必要となるおそれがある高齢者」を意味する「特定高齢者」の認定が必要となる。「介護予防施設」となってからも、既存の利用者はそのまま続けて通ったので、スタッフたちは「結局、明示するか、しないかの差」だとも述べたが、「きちんと評価や効果を測定したり、体力テストをしたりするなど、どんどん制度的に厳しくなった」と語った。

3 介護予防の地域的実践

二〇一〇年三月当時、桐ヶ丘デイホーム利用者の平均年齢は八四歳であり、女性の利用者が大部分であった。利用者は週一、二回、デイホームを利用していた。当時の桐ヶ丘デイホームのスタッフは、施設長と三人の非常勤職員、そしてアルバイトとしてサポートする人が四人であった。利用者たちがデイホームに通いはじめたのは、病気や事故がきっかけで、民生委員や北区役所の職員に勧められた場合が多かった。ある利用者は、デイホームが移転するまで、ボランティアとして掃除や片付けを手伝ってきたが、年をとって病気になり、利用者として通うようになったと語った。急性聴力損失や脳梗塞などで手足が不自由になったり、体のバランスをとれないなどの慢性的な病気を抱えている高齢者が大部分であり、入退院の経験のある利用者も少なくなかった。

デイホームのある日の流れは次のようなものであった。午前一〇時の送迎バスの到着から始まり、まずは出席のチェックをかねて、職員が血圧を測定してカードに記入しながら挨拶をする。着席してからの体操には、紐やいすが利用される。ここでは、担当のスタッフがリーダーとなり、「無理しないようにしてください」と声をかけたりした。体操が終わる前には、スタッフが利用者たちに歌いたい歌を尋ね、皆でその歌を歌った。体操の後には、しりとりなどのゲームが行われた。三つのテーブルごとにグループに分かれ、楽しい雰囲気でゲームが行われた。食事は六人ほどが同じテーブルでとり、お互いの対話が可能となっていた。スタッフは少し離れたスタッフテーブルで食事をしたが、ワンルームであるため、お互いの様子がよく見える。食事の後は皆が自由に好きな活動をする。トランプやダイヤモンドゲームをするグループもあり、庭の手入れやピアノ演奏などをする利用者もいた。ただうろうろしたり、一人でパズルをする人、「負けると悔しいから」ゲームにはまったく参加したくないという人もいた。利用者たちは自由に好きな道具を出したり、編物のように自分の好きなものを家から持ってきて楽しんだりした。

ある日の午後二時以後のお茶とおやつの時間には、庭で取れたブルーベリーを二つずつ食べた。そして、ぬり絵、折り紙、しりとりゲームなどをしながらその日の日程を終わらせた。利用者の帰宅の時は、スタッフたちはバスが見えなくなるまで手を振って見送っていた。バスのお年寄りたちも手を振って挨拶をした。桐ヶ丘団地の住民は歩いて帰宅する人もいた。

桐ヶ丘デイホームでは、小規模施設ならではの穏やかな雰囲気やお互いの親密感が感じられる。スタッフと利用者が一緒に話し合ったり、ゲームをしたりする時間的な余裕があり、送迎バスを運転する若い男性も自由時間に利用者たちと一緒にカードゲームをしていた。デイホームは利用者たちにとって重要な「コミュニティ」として存在していた。最高齢の利用者であった九三歳の大江さんを含め、四人の利用者への二〇〇九年一二月の聞き書き調査から、利用者たちにとって、デイホームがどのような空間であるかを描いてみる。

村上さんは、終戦後に引揚げて、桐ヶ丘団地に落ち着き、建替えによる移転以前にはボランティアとしてデイホームへ通ったが、病気で足が弱くなり、二〇〇〇年からは利用者として週二回通所している。夏目さんは引揚げ後、都内各地を転々としたが、一九七一年頃、北区神谷の都営住宅に当選した。区の出張所へ行った時、職員から利用を勧められ、二〇〇〇年から週二回通所している。松本さんは北区志茂のアパートに住んでおり、病気で入院し、退院後は自宅で療養していたが、区役所の紹介で二〇〇〇年から週二回通所している。彼女たちのデイホーム利用は、介護保険が始まって、改めてデイホーム利用者を募集した時期と一致し、区の職員の紹介で利用するようになったことも共通であった。彼女たちは、デイホームに来ないと一日中人と話ができないので、おしゃべりできることがデイホームで一番楽しいと語った。

家ではすることがないが、デイホームには話し相手がいる。スタッフが優しく、何の心配も要らない。私、初めて来た時はうつでした。ものを言わなかったもの。来てよかったのよ。お話しや自分のできることをマイペースでできるから。したいことをできる範囲でできるのがいい。デイホームは楽しいのでなるべく来たい。送迎バスがあって通所しやすいのがありがたい。利用者全員の名前を覚えているわけではないが、一〇年越しの知り合いがいて、気心が知れている。笑ったり話したりすることで元気になる。費用もあまりかからないし。

（二〇〇九年一二月、村上さんへのインタビュー）

松本さんは介護施設を勧められて迷っているが、デイホームが楽しいので、通所は続けたいと語った。自分のいいように気楽に生活したいから施設入居はいやだと語った。

生活の規則が厳しくて費用がかかりそうなので（介護施設には）行きたくない。デイホームは楽しく、知り合いもいるので、他の所に行きたくない。他の施設の人が三か月に一度くらい生活調査に来るが、好きではない。たとえデイホームをやめても、その施設には行きたくない。死ぬまで来る人もいましたよね。あの人、休んだなと思ったら病院で亡くなったと聞いたのよ。

（二〇〇九年一二月、松本さんへのインタビュー）

利用者たちは通所の曜日が決まっているので、二〇人程度の利用者が定期的に会うことになる。さらに、デイホーム内では名札をつけ、毎回座る席もたいてい決まっていた。しかし、利用者たちは、ダイヤモンドゲームやトランプゲームをやる時の参加メンバーにはこだわらないようであった。人に頼まれたので、自分の要らない洋服を持ってきたというある利用者が、誰に頼まれたかを忘れ、一人一人に聞いてもわからず、やむをえず洋服をまた持ち帰ることになったということもあった。話し相手がいることがデイホームの最大の楽しみであると言いながらも、それは個人と個人の付き合いというよりは、定期的に会う利用者どうしの「馴染んでいる平穏な付き合い」のようであった。

「一〇年越しの知り合いがいて、気心が知れている」という村上さんの発言から感じられるように、デイホームという空間と利用時間に限った付き合いであるからといって、その関係が浅いとはいえない。もう一〇年以上桐ヶ丘デイホームに通ってきた利用者にとって、ここは彼女たちの重要なコミュニティとなっており、要介護認定の「チェック・リスト」の評価によって簡単に次の施設に移れるわけではないことがわかった。「近隣との接触は煩わしい」という村上さんの発言から、デイホームが自宅や日常的な関係からは少し離れている、半分はお客のような立場にいられる空間であるからこそ、利用者たちはここで一種の解放感を感じるのではないかと思われた。

親密感を基盤にした「コミュニティ」としてのデイホームは、「住み慣れた地域における介護予防」を目指す「介護予防施設」としてのデイホームの目標が実によく果たされていることを示す。二〇一一年の春、施設長は、デイホームの利用者の中には認知症など、介護申請をすれば要介護になると思われる利用者が何人かいるが、「自分の意志でデイホームへ通っている」と誇らしげに述べた。

また、二〇一〇年にも八人が介護保険を使うようになったが、ほとんどの人が要支援ではなく、要介護3や4の判定を受けたと語った。二〇〇〇年から利用してきたと自己紹介した九三歳の大江さんは、聴力も衰え一人で生活するのが厳しくなってきて、もう介護サービスを受けないといけないだろうかと悩んでいた。しかし、彼女は桐ヶ丘デイホームに馴染んでいるし、仲間がいるため、仮に今よりいいサービスが受けられるとしても介護施設には行きたくないと語った。「お話しの相手がいるからデイホームが好きだ」という利用者たちの満足感には、「施設」としての行政的効用と「コミュニティ」としての親密感が、互いに緊密に絡み合っており、双方の機能を維持させることで、双方の目標もまた達成されていることがわかる。

しかし、デイホームが親密感や帰属感を感じられるコミュニティとして存在するほど、そして、いい介護予防施設として機能するほど、一方では、介護予防システムの矛盾が明確となる。老化が進むことにより利用者が介護予防施設から介護施設に移らなければならない現在の制度は、利用者どうしの長年の馴染んだ付き合いを断ち切らせ、彼（女）らの社会的関係、さらには日常的な安定感を損なうことになるからである。また、可能な限り慣れ親しんだデイホームに通おうとする希望によって、結果的に最も適切なサービスやケアを受けられないようになり、「効率的」な介護システムとはいえなくなるのだ。

4　施設の忌避、依存の忌避

二〇〇九年のインタビューで、桐ヶ丘デイホームの施設長は、「どのようにして人生の先輩としての利用者と接したらいいのかを考える。いやなことはいやだ、やりたくないことはやりたくないと言える雰囲気を目指そうと思っています。いやな思いはさせたくないです」と述べた。アルバイトとして勤めているスタッフは、「生活面の手助けは必要ない人が多いため、一対一になると聞かせてくれる話もあったり、コミュニケーションをとるのが大切だと思う」と自分の仕事として、会話をすることが一番重要だとも述べた。デイホームの利用者とスタッフの関係はとても友好的であり、施設内は穏やかな雰囲気であった。

にもかかわらず、桐ヶ丘デイホームはやむをえず「施設らしい」場面が演じられる空間でもあった。利用者たちと昼食をとったある日、利用者の安藤さんがみそ汁を遠慮した。わけを聞くと、デイホームでみそ汁を飲んでいる途中で「くしゃみ」が出て周りに迷惑をかけたので、それ以来デイホームではみそ汁を飲まないことにしたと答えた。筆者は明るい性格の安藤さんの反応に驚いた。そして、もしここが高齢者施設ではなかったら、自然な身体現象としての「くしゃみ」でみそ汁を飲まないことなどはなかったはずだと考えた。食事中、利用者のカップが倒れると、スタッフが駆けつけて片づけを助ける。「自立できる」高齢者であるにもかかわらず、ここが高齢者施設であるからこそ、ものを落とすことが老衰のせいで発生する「出来事」として受け止められる「施設らしい」場面が演出されるのだ。

フィールドワーク中、利用者の浅田さんが筆者を自宅に招待してくれたことがあった。しかし筆者は、施設長から利用者の自宅訪問は遠慮してほしいと言われた。これは、今日のデイホームはただトイレを借りたい人でさえも、「利用者を保護する」ために断るしかない空間となってしまったということと、同じ文脈でとらえられると考える。

北区全体でもデイホームは二か所しかなかったが、二〇一〇年のデイホーム調査の当時、利用料金は無料に近いにもかかわらず、利用者は一日の定員二五名に満たなかった。施設長やスタッフたちは、高齢者は欠席が多くて、「一日の登録者が三〇名くらいになってほしいと希望しているが、集団生活がいやだったり、迷惑をかけたくないという気持ちがあったりするせいであろうか、利用者が増えない」と語った。「介護予防施設」としての「デイホーム」という名称が、「介護施設」である「デイサービス」と似ており、「桐ヶ丘デイホーム」が介護を必要とする人たちが利用する「介護施設」として誤解されることがあるとも語った。

利用者たちは、「自分は満足しているが、他人を誘ったりはしない」と答えた。「紹介しても、デイホームを昔の養老院のように思う人がいる」とか、「幼稚園みたいなことをすると思われるから、いいところだけれど、私が通っていることは言わない」と語った。「デイホームには満足するが、そのため特定高齢者として分類されるのはいやだ」という利用者もいた。利用者たちは、「デイホームへの通所には満足しているが、介護保険や養護施設は利用したくない」とも言った。このように、利用者は施設の一つである「デイホームには満足している」ことを前提に、依然として「施設」への違和感や抵抗感を表明した。

デイホームのような「施設」を敬遠する傾向は、他の施設で行われている体操教室や栄養教室、口腔ケア教室などの週一時間の介護予防プログラムへの参加者が常に多いということからもうかがえる。一方、北区の特別養護老人ホームへの入所には多数の順番待ちがある。二〇一二年調査当時、北区には特別養護老人ホームが九か所あり、東京二三区の中でもかなり進んでいる状況であるにもかかわらず八〇〇人以上が待機しており、利用者不足の介護予防施設とは非常に対照的であった。

高齢者人口が占める比率が急増しているにもかかわらず、現代社会の最も普遍的な現象は、老化を否定し、拒否する態度である。病院を利用して医療保険を使うことが「治る」可能性を前提としていることとは異なり、高齢者施設を利用することは、老化の不可逆性のため深い落胆やあきらめを伴うことになる。高齢者ケア施設は、自分の老いと身体的な機能の衰えが証明されてから利用する空間であり、そのため、高齢化ケア施設へ通うことは、「一般」とは区別される「自立できない」存在としての自分を認めることを伴う。

「自立」の追求は、財政的な負担を減らすための政策的な方向でもあるが、自立を重視する現代社会の価値観と重なり、高齢者自らが追求してやまない生き方でもある。デイホームをはじめ、桐ヶ丘団地で筆者が出会った高齢者たちが口癖のように繰り返していた言葉は、「ボケないように」であった。自分自身に対する統制力を失うことは、彼（女）たちにとって最も恐ろしいものであって、それは「自立」への社会的な要求が我々にいかに内面化されているのかを示す場面でもある。

施設を避ける態度は、他人に依存することで自尊心を傷つけられることへの抵抗であり、「介護予防施設」に冷淡なのは、介護の状態につながるラインに乗ることで、「自立できない老いた身体」に与えられる低い地位に転落することへの抵抗であるだろう。現代社会の高齢者にとって、自立を追求することは、「自立」しているからこそ可能な人間的尊厳の問題であり、そこから可能となるプライバシーの問題につながる。

桐ヶ丘団地のある住民は「介護保険を使う人は多いが、他人には言わない人が多い。恥ずかしいことではないが、尊厳を傷つけられたくない気持ちかな」（二〇一三年一一月、K自治会でのインタビュー）と語った。北区高齢福祉課での二〇〇九年一二月のインタビューでは、高齢相談係長が今の北区の介護の問題として、「高齢者が自分にはまだ必要ないと、ケアを受け入れてくれない」ことを挙げたが、それも同様の文脈の中で理解される。やまぶき荘の高齢者福祉の相談担当者は、近隣住民からの連絡で接した人の生活の現場を見て、今までどうやって生活を維持してきたのだろうかと驚いたことがあったという。そして、最後まで誰にも手助けを求めなかったことがじれったかったと語った。施設より「自宅における自立した生活」という高齢者福祉の方向性が、当事者の尊厳の問題でもあるならば、それをささえるための地域コミュニティの存在はさらに切実なものとなる。

5 「公共」の実験場

桐ヶ丘デイホームの開設から移転までの一〇年間、デイホームの食事は当時の赤羽保健所の栄養教室を修了したボランティア・グループ「さくら会」の一二名が担当した。二〇〇一年の『桐ヶ丘デイホーム開設一〇周年記念誌』からは、デイホームが新築の空間に移転され、広くて新しい設備の台所ができたことへの期待感が読み取れる。しかし、移転に伴ってさくら会の活動は中止された。

当時のさくら会のリーダーであった山田さんは、「介護保険以来、食事提供の仕方が変わった」と語る。介護保険が実施される以前は、社会福祉協議会がデイホームの運営に独自性を持ち、食事費をもらって食材を買ったり、調理するメンバーたちにいくらかの謝礼を払ったりすることができたが、介護保険制度の実施とともに、その独自の仕組みが不可能となったのだ。

さくら会の給食が中止されてからは、「やまぶき荘」の厨房で調理した高齢者向けの給食をバスで取りにいくかたちで昼食が提供された。しかし、介護予防施設になってからは食事の公的支援がなくなり、筆者がフィールドワークを行った時期には、独自に弁当業者を探してお昼の食事を提供していた。予算の問題で業者を呼ぶのは無理だから、お弁当にするしかない状況であった。高齢者向けの食事は六〇〇円くらいで、利用者の負担になる場合もあるため、三八〇円の一般向けのお弁当にしていた。

地域の学校や保育園との交流、地域住民たちとの交流も少しずつ減って、桐ヶ丘デイホームにおける桐ヶ丘団地の地域色は薄くなりつつあった。桐ヶ丘デイホームは、発足当初は桐ヶ丘団地の施設であったが、次第に北区全体の半分をカバーする、より広い範囲での「介護予防」の担い手となったのだ。介護保険実施後、デイホームは、いわゆる自立を支援するための施設に転換されたにもかかわらず、逆説的にデイホームの日常においては「自立」の場がより狭小になったように感じられる。

一方で、介護保険実施による民生委員制度の変化、その役割の変化も目立っている。二〇一四年現在、桐ヶ丘団地と赤羽台団地には二八名の民生委員が活動している。住民たちは、本来「名誉職」であった民生委員が、介護保険制度の実施とともに「ボランティア」として新たに位置づけられたと語った。ある民生委員は、「以前は民生委員の署名や印鑑が必要な書類もかなりあった」と、その権限や責任が介護保険の実施とともに非常に小さくなったと述べた。

民生委員の重要な活動として、訪問を希望する六五歳以上の住民を対象に安否を確認したり、住民の話し相手になったりすることがある。介護保険が実施される以前は、担当している住民が認知症を抱えていれば、ちゃんと寝ているかまでを確認する場合もあったが、今は介護保険を使う人に対しては専門のヘルパーが来るため、安否確認の必要や義務がなくなった。ある民生委員は、つき合いが長い人の場合は、相手が介護保険を使うようになっても、「なんとなく関係が切れないから」自分の責任だと思って安否確認をしているが、周りからは「やりすぎだ」と言われたりすると述べた。彼女は、介護保険実施後、民生委員が担当する住民は減りつつ、困っている人びとに適切な行政相談を紹介する「仲介パイプ」のような存在となってしまったと述べる。地域に根を下ろしていた民生委員制度が専門的ヘルパーの登場とともに縮小されたことや、ふれあい空間として出発したデイホームが介護予防施設に転換されたという一連の出来事は、現代福祉社会のコミュニティが持つ重要な一面を示している。

福祉国家制度が整えられることによって、個人やコミュニティの自発的努力を追い出す、いわゆるコミュニティの官僚制化は、現代社会におけるコミュニティが直面する最も深刻なものとして批判されてきた。介護保険制度によるデイホームの変容や、民生委員の役割の縮小過程は、介護保険制度の実施とともに介護が公的なものとなり、官僚や役人などの専門家が地域介護を独占し、地域自治のコミュニティが受動的な立場に追いやられていく過程であるともいえる。介護保険実施以後のデイホームの変遷は、既存の地域コミュニティを利用して、これをより組織化・専門化させながら、「地域介護」という目標に寄与する方向に再編する行政の力が発揮される過程であったのだ。また、北社協が介護保険制度の実施とともにデイホームを「委託」運営することで、介護保険制度が持つ限界が介護予防の現場にそのまま現れるようになった。

しかし一方では、今日の匿名性の高い大衆社会、流動的な都市空間の中で、コミュニティの官僚制化を否定的なものとしてばかり評価してはいけないのかもしれない。自治会やシニアクラブ、ふれあい館の活動をはじめ、団地のコミュニティの全般的な衰退は、超高齢社会における住民たちの自発的なコミュニティの限界を示すものでもあるだろう。コミュニティの維持が限界に突き当たっている桐ヶ丘団地の現場において、北社協の活動は地域において福祉サービスを提供し、制度や行政を支持し、住民の参加を引き出す媒介の役割を果たしている。国家的な制度と地域的な実践の乖離、また地域福祉の理想や現実的な限界の中で、桐ヶ丘団地では、超高齢社会における新しい公共の実験が行われている。それに関しては本書の第8章でも議論を続ける。

第Ⅲ部　建替えと１ＤＫ

住民たちは建替えによって団地のあり方が「完全に変わった」と述べる。第Ⅲ部では、桐ヶ丘団地における建替えの状況や建替えによる暮らしの変化を、聞き書き調査をもとに描き出す。そして、建替えによる移転や自治会の変化に焦点をあてて、建替えが住民たちの日常生活に及ぶ影響を明らかにしたい。建替えによる最も大きな変化は、四〇％に及ぶ1DKの建設である。そこで、1DKという「シングル時代の間取り」の意味を追求し、閉じた1DKやコモンズ的公用空間の衰退から「場所」の喪失を議論する。

第5章　建替えと高齢化

本章では、桐ヶ丘団地における建替えや改善事業の過程、建替えによる移転や住居空間の変化に焦点を当てたい。そして、自治会の揺らぎをはじめ、建替えが地域コミュニティに及ぶ影響を記述し、建替えと高齢化がともに進むことによる高齢住民の日常的な孤立の問題を議論したい。

1　建替えの流れ

二〇一〇年の建替え説明会の当時、東京都都市整備局の計画担当者へのインタビューでは、「人口減少の時代であり、建物を新しく増やすことはないので、東京都は現在建替えしかやっていない」と語った。東京都の住宅全体の中で、都営住宅の戸数は五％程度である。担当者は、現在も抽選倍率は高いが、需要があるにしても、老朽化で応募がないところもあるため、古くなった建物を建替えて、今の五％の枠の中で使える住宅をしっかり作るのが現在の傾向であると述べた。それは『国土交通白書』の二〇〇一年度版で「ストック重視、市場重視」が、さらに二〇〇二年度版では「ストック重視、

Kirigaoka Publicly-operated Housing

An example of the houses before reconstruction

Completion year	1968
Structure	Reinforced concrete
Number of floors	5 Floors
Number of units	50 units
Floor area of each unit	40m² (for family)

図 5-1　建替え以前の住宅の様子［東京都都市整備局 2014］

Kirigaoka Publicly-operated Housing Building No. 34

An example of the houses after reconstruction

Completion year	2009
Structure	Reinforced concrete
Number of floors	8 Floors
Number of units	78 units
Floor area of each unit	34m² (for single)～ 57m² (for family)

図 5-2　建替え以後の住宅の様子［東京都都市整備局 2014］

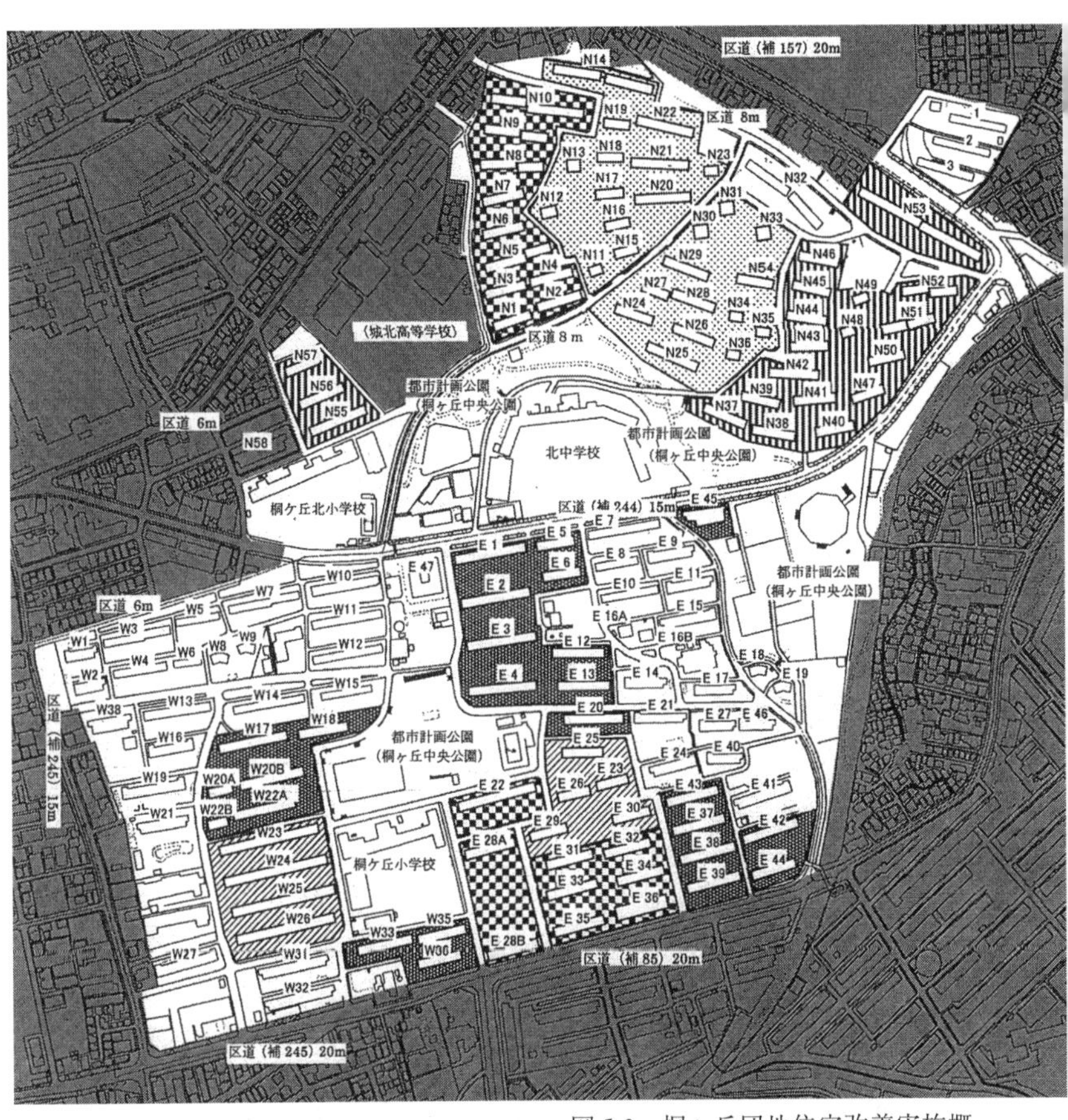

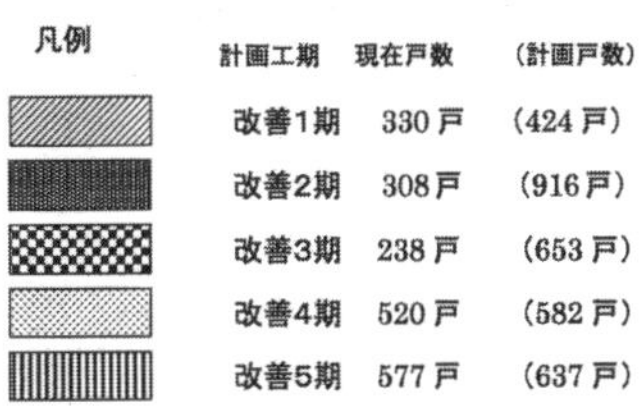

図 5-3　桐ヶ丘団地住宅改善実施概況［東京都都市整備局 2015a］。建替え前の建物の配置がそのまま表れている図でもある

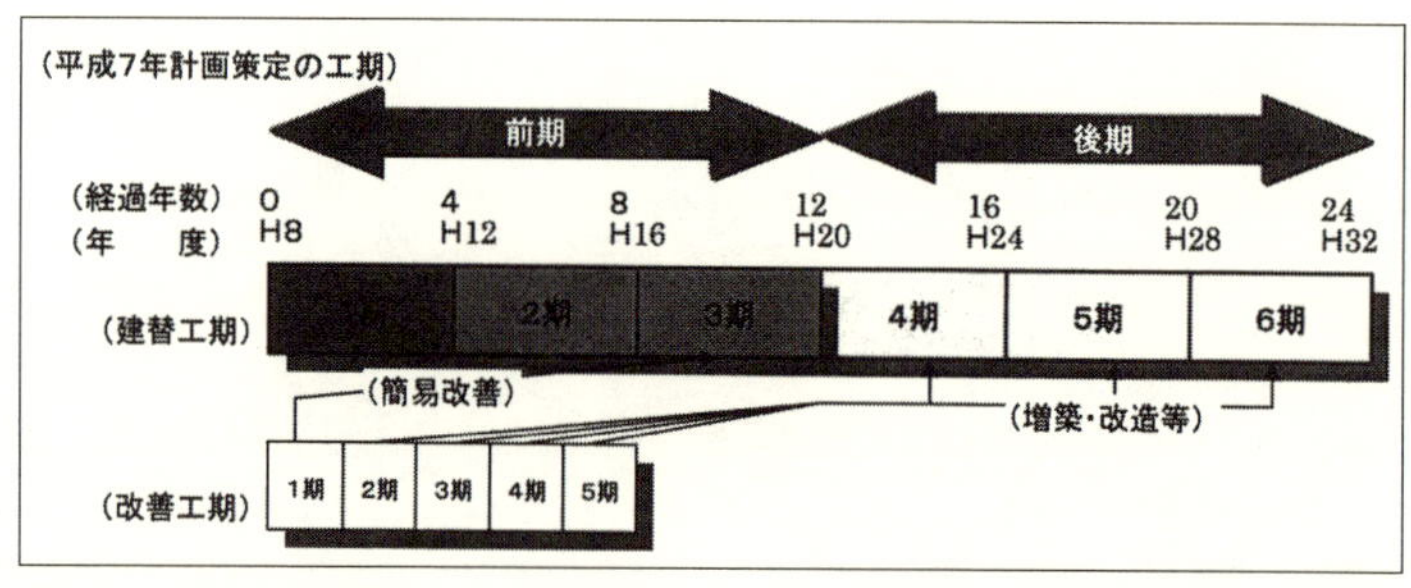

図 5-4　1996 年、建替えがスタートした時期の計画［東京都都市整備局 2015a］。建替え第 3 期対象住宅に対する簡易改善工事を含め、第 4 期から第 6 期までの建替え対象地区に対して、増築工事を含む改善工事が建替え第 1 期〜第 2 期の期間に行われる

住居環境の整備、住宅市場の環境整備の推進」が強調されたことと同じ文脈での説明であろう。

桐ヶ丘団地は、現在建替え中の都営住宅の中で最も規模の大きい団地である(34)。建替えが始まった一九九六年の段階における建替えや改善工事の計画は、図5-4のように、第1期から第3期までの前期建替え工事、第4期から第6期までの後期建替え工事が行われ、二〇二〇年に完了する計画になっている。一方、全面的な建替え工事が後回しとなる第3期建替え分以後の住宅に対しては、その建物の状況に応じて改善事業を行うことが計画された。改善事業は、1期を一年半として全体で5期、約八年以内に完了することが目指された。二〇一五年現在、建替えは当初の予定よりかなり遅れているが、改善事業はほぼ予定通りに完了している。

二〇一五年八月、東京都都市整備局の東部住宅事務所建替え担当者へのインタビューから、二〇一五年現在の建替え工事の状況を見てみる。最初の計画では、二〇一五年は第5期に入る段階であるが、工事が予定より遅れて、第4期の建替

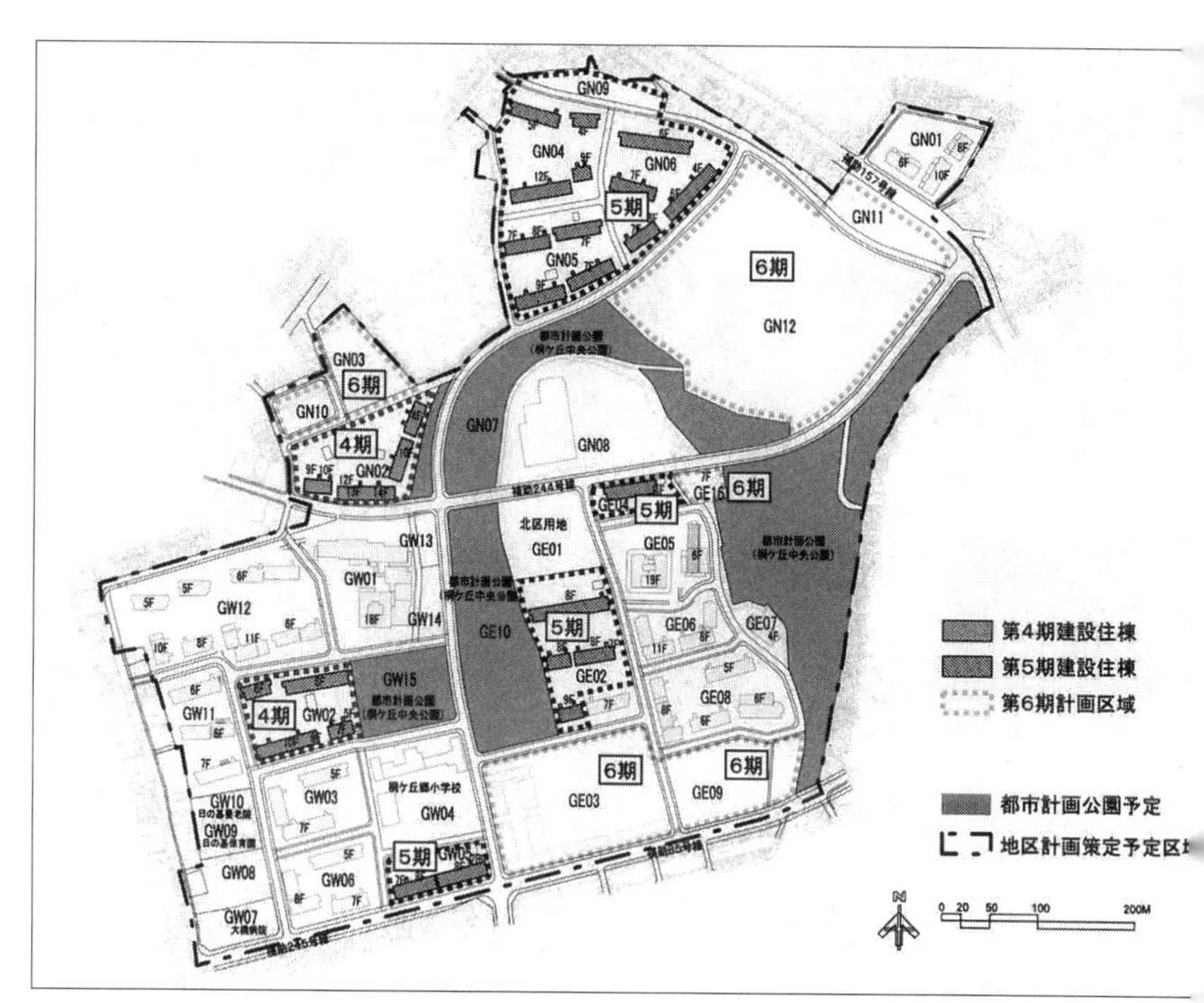

図 5-5　都営桐ヶ丘団地第 4 期・第 5 期建替え事業計画図［東京都都市整備局 2015a］。GN01 の意味は、G は街区、N は N 地区、01 は建替えの順番を示す

えが行われると同時に、第6期の計画を考えている最中であった。第4期の建替えが終わると、第5期の区域に居住する住民が基本的に第4期の地域に移転する。そして、第5期の建替えが終わると、二〇二〇年までに第6期の住民を第5期の区域に移動させる計画である。

2　改善事業と空き家

前述のように、第3期以後に建替えが予定されている号棟に対しては、図5-4で示されているように、簡易改善を含む改善事業が行われた。建替え第4期や第5期、第6期に該当するN地区の場合、風呂を設置したり、窓枠を交換したりする簡易改善工事以外にも、ベランダ側に一部屋増やして2DKを3DKとしたり、三軒の住宅を二軒に広げたりする増築工事が行われた。

二〇年前に建替え説明会があった。八年前に建増しで一部屋増やした。一軒で四〇〇万円かかったといわれた。もったいないな、死ぬまで壊さないんだなと思ったらまた建替えの話。壊す必要はないと思った。七年後に生きているか。今さら引っ越しはいや。足の悪い人はエレベーターのあるところに引っ越しをした。でも、寂しい寂しいと言っている。

（二〇一〇年一〇月、N地区の建替え予定地区に住んでいるある住民へのインタビュー）

この年で引っ越したくないよ。仮の住宅にいる間に建替えしたらよかったんじゃない？　知らない人ばかりのところに行きたくない。号棟の隣人が一緒に行きたい、皆で反対しようねと言うの

写真 5-1　桐ヶ丘地域振興室手前の E1 号棟の撤去前の様子（2010 年 6 月撮影）

写真 5-2　E1 号棟撤去後の様子。道路の向こう側に E1 号棟があった（2017 年 7 月撮影）

よ。荷物が多いので、一人でも部屋二つくらいは必要よ。

（二〇一〇年七月、建替え予定のN地区に住んでいるある住民へのインタビュー）

住民たちは、内風呂を設置したり、窓枠を取り替えたりするなどの改修がされたのに、「建替えはもったいない」と語る。増築で2DKが3DKとなり、「やっと一間増やしてもらった」のに、「建替えでまた1DKとなる」と不満を言ったりした。第4期・第5期建替え事業の説明会で、ある女性の住民は建替えでまた1DKへ移転することに対して次のように反発した。

私は八〇歳で毎日の買い物だけでも大変。都知事が決めた？　七〜八年後？　やっと一間増やした。無駄。私は八〇歳。孫がやっと遊びに来る。やっとよ。自分の好きな間取りに入れてください（拍手）。東京都、東京都ばかり。私たちの意見も入れてください。家賃が少し上がってもいいから（もう少し広い部屋で住みたい）。ベッド置いたら介護の人も入れない。上の人に伝えてください。建てる前にお願い。人間扱いしてない。近くの公務員住宅は広くて駐車場もある。うらやましい限りです。

（二〇一〇年八月、説明会にて、ある女性居住者の発言）

改善事業で、世帯人数とは関係なく2DKが3DKへと増築されたこと、そして建替えで再び世帯人数に応じて入居可能な間取りが決められることは、団地内で同時に行われた工事の矛盾した方針で

写真 5-3　建替え予定地区の改善事業後の様子。E 地区の道路に面した号棟では、3 軒分のスペースを 2 軒で分ける工事が行われた。外からはもとのままに見えるが、内部は南向きの部屋が 1 つ増えている（2012 年 11 月撮影）

もある。建増しされた号棟のある住民は、改善事業で「南向きの部屋が三つになったので、エレベーターだけ設置されれば引っ越したくない」と語った。住民たちだけではなく、建設事務所の桐ヶ丘団地担当者も、改善事業や増築が惜しいと述べた。しかし、これらは本来、一九九六年の改善事業計画でも一五年間だけ使う予定で行われた工事であり、建替えが延びていることで、最初の予定より長く使われることになった。

都営住宅は、もともと他の住宅の建替えや災害被害者の入居のため、何軒かの空き家を置いておく。それに、建替えが予定されている区域では募集がないため、建替え予定のN地区には空き部屋が多い。

空き家がいっぱい。だからおかしいのよ。

写真 5-4　建替え予定地区の改善事業後の建物。N 地区の号棟では一間増やす増築が行われ、ベランダ側が突出している（2010 年 6 月撮影）

何年か先に私たちが移動するんでしょう。それが五年先か一〇年先かわからないのに、だから空き家をそのまま置いておくんだって。八〇部屋があるけど、二〇部屋が空いている。何で入れないのか、もったいない。やり方がおかしい。自治会にとってもよくないし、雰囲気も寂しい。
（二〇一二年一一月、N地区のある住民へのインタビュー）

しかもエレベーターが必要な住民が、新しいところへ少しずつ引っ越すため、建替え予定の区域に空き家がさらに増えている。この問題に対して、東京都都市整備局の担当者は、建替え直前に入居した人が、すぐまた引っ越しすることにならないよう、一般の手順では、建替えの数年前からは募集を停止し、建替えが終わった新しい部屋に新しい入居者を募集すると述べた。

3　移転がもたらす孤立の問題

3-1「ばらばらになる」

二〇一〇年六月には都の都市整備局からAブロック（仮称）の八つの号棟の移転対象世帯に、移転説明会のお知らせが配られた。そして翌月に説明会が行われた。移転説明会から移転の完了までの手順は表5-1の通りである。

最初の部屋割りの資料となる居住者調査票には、基準日現在の家族全員を記入すること、「同居許可」のない入居は認められないことが明示されている。移転について、「桐ヶ丘アパートへ移転」をする予定か、それとも「自力で都営住宅以外へ移転」するか、また、生活保護を受けているか、もしくは使用料（家賃）免除を受けているかを記入するようになっていた。

移転が決定し、部屋割りの手続きが終わると、住民たちの関心は部屋決め抽選に集まる。その抽選の方法を見てみる。まず、住民たちが抽選会で入居を希望する部屋を記入して提出する。そして、希望者が重なると抽選が行われる。外れた住民が再び希望する部屋番号を提出して再抽選する過程を繰

	事　柄	日　時
1	居住者調査票の提出期間	2011 年 10 月 14 日
2	移転先住宅の見学会	2011 年 10 月 19 日
3	部屋決め抽選会と入居手続書類の配布	2011 年 10 月 29 日
4	入居手続き書類の調査	部屋決め抽選会の 2 週間程度後
5	保証金納入通知書の配付	使用許可日の 1 か月前
6	移転先住宅の使用許可書の交付、鍵渡し	使用許可日の 4 ～ 5 日前
7	使用許可日	2012 年 3 月～ 4 月
8	移転完了期間	使用許可日の 2 週間後まで移転完了

表 5-1　建替えによる移転手続きの一例（自治会役員提供）

	1 人世帯	2 人世帯	3 人以上	合計
A ブロックの 8 つの号棟	103 世帯	86 世帯	42 世帯	231 世帯

表 5-2　移転対象者の内訳（2010 年 7 月 12 日現在、世帯員構成別）

号棟	1DK	2DK	3DK	計	階数	管理開始
1 号棟	24 戸	29 戸	12 戸	65 戸	6 階	2010 年 12 月予定
2 号棟	24 戸	29 戸	12 戸	65 戸	6 階	2010 年 12 月予定
3 号棟	28 戸	27 戸	14 戸	69 戸	7 階	2010 年 12 月予定
4 号棟	4 戸	0 戸	0 戸	4 戸	7 階	2008 年 2 月
5 号棟	12 戸	0 戸	0 戸	12 戸	7 階	2006 年 9 月
6 号棟	5 戸	14 戸	35 戸	54 戸	6~8 階	2009 年 8 月
7 号棟	12 戸	6 戸	3 戸	21 戸	5 階	2008 年 10 月
合計	109 戸	105 戸	76 戸	290 戸		

表 5–3　表 5–2 の移転対象者の移転先住宅概要（型別・棟別）。1 ～ 3 号棟は新築したばかりの、これから移転や管理が開始される地区である。4 ～ 7 号棟はすでに他区域からの移転が行われており、移転対象者はまだ残っている空き部屋に引っ越すことになる（自治会役員提供。号棟の名は任意の番号）

り返して、部屋が決まる。住民は、「後回しにされると自分の希望通りには入れないので、早く手を上げて選んだほうがいい」「いやでも結局は引っ越しする。壊すから残れない」と言う。自分は一番上の階を選んですぐ希望通りに抽選されたというある住民は、「西向きの部屋はまだかなり空いている」と語った。

移転完了の期限は使用許可日から二週間後となる。二〇一二年三月末に、ある自治会長の自宅でインタビューをして、移転についての資料をもらったが、彼の家も引っ越したばかりの状態であった。建替え予定地区の住民たちは、建替えが一〇年後になるか二〇年後になるかわからないと話したりするが、移転対象となってからは、移転説明会から移転完了まで迅速に進められることがわかる。移転により各号棟の住民がいかに分散されていくのかは、この資料から見てとれる。

表5-2と5-3から見られるように、建替えによる移転手続きによって、あるブロックの八つの号棟に住む二三一世帯（一人世帯が一〇三世帯、二人世帯が八六世帯、三人以上世帯が四二世帯）が、それぞれの家族人数に応じて、1~7号棟の二九〇戸へ抽選によって移転したのである。

では、その中である号棟の三三世帯の移転を例として、いかに住民が分散されるのかを詳細に見てみよう。この三三世帯は、4号棟へ一世帯、6号棟へ三世帯、7号棟へ七世帯、1号棟へ八世帯、2号棟へ七世帯、3号棟へ七世帯が移転した。住民たちは、このような移転方式で近隣が「ばらばら」「ごちゃごちゃ」「でたらめ」になったと表現する。移転はたいていブロック化された区域内で行われるため、ある程度自治会のまとまりが維持されるが、かなり離れている号棟へ移転する場合も少なくない。それゆえ、住民たちからは、「私はEから来たが、周りはWで、挨拶だけ」「今の号棟の空いている六軒は抽選漏れの人が来るのを待っている」「好きなお部屋を選ぶので隣り近所はめちゃくちゃ」「他所には行きたくないということはあるけど、同じ棟に入れないのは仕方ない」といった言葉も耳にした。移転が完了してからは、空いた建物の取り壊し工事が行われた。

住民たちは、建替えにより都営団地間の「住民交換」のような移転が行われているとも語っていた。東京都東部住宅事務所の桐ヶ丘団地建替えの担当者は、小さい団地の住民は、桐ヶ丘団地のような大きな団地に移転したりもするので、自治会の分裂はやむをえないと語った。そこで、建替え第2期のK自治会の住民たちに対する三回の集団インタビュー（二〇一二年一一月の二回と二〇一三年一一月の一回）などを通じて、建替えが同時に行われている北区の都営団地における移転の仕方を見てみる。

建替え第2期に該当する世帯の入るK自治会は、本来は四棟一九〇世帯のK自治会であったが、建替えで、二〇一二年一一月現在、おおむね五つの棟に分散して入ることになった。八人のK自治会の住民と最初に出会った二〇一二年は、K自治会が建替えで新しくなってから五年ほど経過した時点であった。

本来一九〇世帯であったK自治会が、三四九世帯に増えたことからわかるように、建替えでK自治会の住民構成はかなり変わった。本来の住民だけではなく、同じ北区の王子や十条、浮間（JR北赤羽駅付近）の都営団地の建替えで、そこの住民たちが新しく入って来ているのだ。内海さんは浮間の都営住宅に四三年間住んだが、建替えで二〇一一年に新築の桐ヶ丘団地へ移ってきたと語った。安田さんは桐ヶ丘団地の2DKに夫婦と子供で四〇年間居住してきたが、死別と子供の結婚で一人になったので、今度は1DKに住んでいると語った。二〇一二年一一月のインタビュー当時、K自治会区域で一〇〇軒ほどがまだ空いており、建替え予定のN地域から四〇世帯が来るのを待っていた。このように、「K自治会」という建替え以前からの名称はそのまま残っているが、移転によりその構成員はがらりと変わったことがわかる。

自分で希望すれば、桐ヶ丘団地の古い住宅で三年間住むことにして、浮間の建替えを待って、三年たてば戻れる。それは自分で決められる。しかし、主人が八〇歳近いので、建替えてからは八〇歳をすぎちゃうんじゃないですか。そうしたら、たとえば一人になった場合、私が1DKに入るようになっちゃう。そうすると、主人はいない、お部屋の形は変わる、隣り近所も変わるというようになると、うんと寂しい人生になるんじゃないですか。だから、まず桐ヶ丘団地に引っ越して、最後まで住むのがいいんじゃないかなと思って、決心して（桐ヶ丘団地の）新築のところへ移りました。

（二〇一二年一一月、K自治会住民との集団インタビュー）

二年たって今は慣れた。しかし、最初は不安だった。私は浮間から来たので、最初の半年は環境が変わって、具合悪くなって入院した。精神的にまいる。浮間に戻らないようになったので、古い人の話を聞いて、馴染まないといけないという気持ち。それが一番。決心したの。借りているほうだから、決心するしかない。都営という条件がついているから。嫌がらせになるから結局は引っ越しするんだ。壊すから残れない。選択は自分でするけど建替えを反対しても出て行ってくださいという雰囲気であるから。誰も知らないところに行ってくださいということは高齢者に辛い。

（二〇一二年一一月、K自治会住民との集団インタビュー）

二〇一二年の当時、K自治会には浮間の都営住宅から三〇世帯が、たいていはもう戻らないという条件で桐ヶ丘団地へ来ていた。こうした住民は、建替えが終わってから戻ろうとしたら、桐ヶ丘団地の古い住宅に入って、何年か待ってまた元住んでいた団地へ引っ越しするしかないので、高齢者には無理だと話した。さらに、待つ期間が予想より長くなる恐れもあり、新しい団地の新築の部屋に馴染もうとするのであった。

K自治会ブロックでは、二〇一五年現在もまだ五〇部屋空いており、近くの都営団地や桐ヶ丘団地のN地区からの住民が来るのを待っていた。もちろん、桐ヶ丘団地の住民たちも建替え第1期には浮間の新築住宅へ二〇〇世帯ほどが移った。住民たちの言う通り、最初は条件がよかったので、建替え第1期には「後で戻っても戻らなくてもいいから、とりあえず浮間へ移ってください」という雰囲気であったという。そして、浮間の都営団地が北赤羽駅のすぐ近くに位置しており交通が便利であるとか、引っ越しが大変などの理由で、一〇〇世帯くらいはそのまま浮間の団地に残った。当時、神谷や東十条の都営団地へ移転した住民もいたという。このように、建替えで北区の都営住宅の住民はまるで「住民交換」のように移動した。

「ばらばらになる」移転は、住民たちの社会的な孤立へとつながった。住む場所を移すということは、日常的に自分のアイデンティティを証明してくれる古い隣人の存在がいっぺんに消えてしまうこ

写真 5-5　新築号棟（2017 年 7 月撮影）

写真 5-6　同

とを意味する。民生委員三人へのインタビューを通じて、移転がもたらす孤立の問題を聞いてみると、特に一人暮らしの高齢住民の場合、持病が悪化したり、引っ越し後に家に閉じこもってしまうケースが増えてきたということが共通した点であった。

ばらばらになって、顔を合わせる機会が少なくなる。引っ越しを自治会ごとにしようとするけれど、実際には難しい。近くても一棟違うと隣りがまるきり違う。話せる人がいなくなる。挨拶しないから家族構成がわからない。引っ越したために、自分の家がわからなくなって道に迷い、迷子になった住民がたまにいた。引っ越しで閉じこもっちゃう人が多くなる。東（E地区）と西（W地区）がめちゃくちゃになる。新しくて嬉しいけど、友達がいなくなって、一人になって、物忘れが出て、外に出たがらない。つまらなくなって寝てしまったりする。家族がいない場合は大変で、認知症の進むのが本当に早くなる。（二〇一二年四月、民生委員三人へのインタビュー）

引っ越したら、道で偶然に会うと嬉しいけど、なかなかわざわざ行って会わない。入院したりしても言わない。気がついたらいなくなったり。葬式が家族だけのことになると、周りも死んだことがわからない。ドアから一歩も出てこないから、何日間誰とも会えなかったとか言うのよ。だから顔見たらつかまえちゃう。話したくて（訪問セールスに）品物を買わされてる。年寄りは寂しくて話し相手がほしいというから。（二〇一二年二月、民生委員三人とのインタビュー）

主人は染色の仕事を定年退職してから心臓が悪くなった。私は一人になってE○棟から引っ越してきたの。最初はフロアに私しかいなくて、ほんとに怖かった。三か月後に八階にほとんどWからの人が来た。でも、お互いに相手にならなかった。EとWは仲良くなかったから。

（二〇一〇年三月、ある住民へのインタビュー）

高齢者の生活実態に詳しい、北区の高齢者相談窓口の担当者は、「高齢者は棟か階が変わると生活が変わる」と指摘し、道に迷ったり、家の中でもトイレを探せなかったりする事例など、引っ越しによる環境の変化で高齢者の暮らしは厳しくなると語っていた（二〇一〇年七月のインタビュー）。

家族数に応じて間取りが決まり、希望する住居を抽選で決める移転方式のため、「隣りの人の顔ぶれがめちゃくちゃになる」ことは仕方がないことである。東京都の担当者たちは、団地内の移動であるため、移転はコミュニティにあまり影響を及ぼさないと話す。しかし、住民たちは建替えによる生活環境の変化をはるかに敏感に感じており、「近くても、一棟違うと隣りがまるきり違う」「建替えで団地が完全に変わった」と語っていた。現代日本社会におけるソーシャル・キャピタル（社会関係資本）の問題を考察した稲葉陽二［二〇一一］は、二〇〇五年内閣府の『高齢者の生活と意識に関する国際比較調査』において、日本の高齢者は、近所付き合いの仕方として「外でちょっと立ち話をする程度」が六六％という結果が出たことを指摘する。日常的な対話において、重要なのは近い距離内に知人がどれだけいるかの問題ではなく、ドアを開けて出入りする時や、洗濯物を干しにベランダに出た時に誰に会うのかという問題であるのだ。誰かの家にお邪魔したり、人を招待したりする積極的なものではなく、偶然出会って立ち話をすることこそ、住民たちが慣れ親しんだコミュニケーションの方法だからである。だからこそ、住民たちの近隣関係は「一棟違うと隣り近所がまるきり違う」のだ。

3−2　自治会の揺らぎ

現在、桐ヶ丘地域振興室管轄の自治会の中で、桐ヶ丘団地の自治会は、東地区自治会、西地区自治会、若桐自治会、N地区自治会、N地区第2自治会、桐北自治会、27号棟自治会、四ツ葉自治会、E47自治会によって構成されている。第4章で述べたように、桐ヶ丘団地では建てられた順に自治会が構成され、住民全員が加入していたため、自治会は住民の日常生活に深く関わっていた。

そのため、建替えが本格化すると、建替え後も自治会を維持する方法が模索された。建替えで現在の住民たちがどこへ転居するかわからないので、区からも自治会の統合を勧められたという。そこで、桐ヶ丘団地では、自治会をE、W、N1、N2の四つに統合することが試みられた。しかし、自治会の歴史が長く、住民の生活に深く根を下ろしていただけに、統合は簡単なものではなかった。

建替えで住民がどこに飛ぶかわからないし、ばらばらになると自治会がなくなるから、統合が必要だった。それで、E、W、N1、N2の四か所の自治会にしましょうという案が出て、最初は賛成した。でも、自治会の伝統が長いだけに自分たちのやり方があるため、前の自治会はこうだった、われわれはこうだったといろいろで、自治会費もうちはいくらだった、うちはいくらだったなどの文句が出た。

（二〇一〇年七月、安藤さんと伊藤さんへのインタビュー）

建替え直前の、かつての自治会連合会の組織を一九九五年の資料から確認すると、桐ヶ丘振興室管轄の桐ヶ丘団地内の自治会としては、桐ヶ丘E地区自治会、桐ヶ丘E地区第2自治会、桐ヶ丘E47自治会、桐ヶ丘W地区自治会、桐ヶ丘W地区第2自治会、桐ヶ丘W第3自治会、桐ヶ丘青桐自治会、桐ヶ丘若桐自治会、桐ヶ丘N地区第1自治会、桐ヶ丘N地区第2自治会、桐北自治会、中央商店街の桐ヶ丘中央自治会の一二の自治会があった[35]。

一方、中央自治会、E地区自治会、E第2自治会が建替えと同時に二〇〇〇年頃合併し、「東地区自治会」となった。高層の建物として独立していたE47号棟以外は、「E地区」の全域が「東地区自治会」となったのだ。そして、二〇〇八年頃、西が丘など近隣都営団地から移転した住民が多く、「入れ替わりは一番激しかった」という四つの新築号棟の二〇〇世帯が「四ツ葉」として東地区自治会から独立した。「EとWの人が混ざってしまい、東と西で区分するのはもう意味ない」ともいわれるなかで、四ツ葉自治会以外はそのまま東自治会に属している。

一方、W地区のW、W2、W3自治会、若桐、青桐自治会も、建替えで「西地区自治会」として統合された。現在、建替え第1期の27号棟に住んでいるある住民は、建替えで浮間へ移転して二〇〇四年に戻ってきたら「すでにまとまってしまっていた」と回想する。このように建替えで桐ヶ丘団地の自治会はやむをえず一時的に統合した。が、各自治会にはその長い歴史にふさわしいこだわりがあるだけに、そのうち独自に自治会を立てようとする動きが出てきた。こうして、移転が終わってから、過去の役員を中心に再びより小さな自治会として独立する自治会が出てきたのだ。

まず、若桐自治会が西自治会から独立する。それから三年経って、「27号棟だけでも世帯数が多いから」と独立して、「27号棟自治会」となった。一方、旧青桐自治会は「独立しようとするリーダーがいなかったので」西地区自治会に残った。貯められていた自治会費をどのように分けるかという問題もあって、自治会の統合も独立も簡単ではなかった。

> 前から（自治会が）ありすぎだということで、統合しようという話があった。でも、最初は一緒になろうとしたけど、それが無理だった。建てた順番に、自治会がいっぱいできたから。歴史が長いから自治会によって財産もそれぞれで、お金の問題も統合の時の葛藤になった。やり方も違うし。統合は初めてだから大変だった。とにかく、統合しなければならなかった。（建替えで）ばらばらになるから。何年間はとりあえず統合されたけど、後で27も四ツ葉も独立した。
>
> （二〇一〇年七月、当時の桐ヶ丘地区自治会連合会長へのインタビュー）

住民たちは「昔は自治会がいっぱいあったが、今はこのぐらいしか残っていない」「今はだいぶ減っちゃった」と、自治会の衰退に頻繁に言及した。それは、建替えや移転にあたって、自治会を中心にした近所の親密感や心理的な連帯が衰退してしまったことを惜しむものでもあった。

若桐自治会には大きなお神輿があったが、建替えで新しくなった集会所には置く場所もなくなり、高齢化で動かすのも大変なので、群馬県のある地域へ預けたという。団地を一回りする自治会連合会のパレードもなくなった。高齢化で弱体化している自治会は、建替えという団地建設以来の最大の出来事にぶつかって、困惑しているようであった。N地区のある住民は、これからの建替えでN地区の自治会も大変だと心配した。彼は「未来は全然わからない。予定がわからなくなった。都は自治会のことを全然考えない。でも東京都が大家さんだから仕方ない。行政へ文句を言っても仕方ない」と怒り気味の口調で不満を語っていた。

3-3 モノとの別れ

建替えは、団地の社会的関係の変化だけではなく、当然のことながら、居住環境の物質的変化をもたらした。そして、この物質的な変化は社会的関係の変化に加えて、住民たちの日常的な行動に大きな影響を与えた。「建替えで団地が完全に変わった」という表現は、文字どおり団地の風景が完全に変わったこと、長い間暮らしてきた場所におけるヒトとモノとの交渉［今和次郎：一九四五］が断ち切られ、その場所が自分自身に見知らぬ世界として経験されていることを意味する。住民たちは「目をつぶってもさっとわかる慣れ親んだ空間」や、「長い間その場にあったモノ」との別れをかなり残念に思っている様子であった。

住民たちは、「狭くなるから家にあるモノを全部捨てたり、処分して引っ越しするのよ」と語った。1DKへと引っ越す住民は、「家族時代」からのモノを片付けなければならないのだ。ジョン・ジンウン〔2012: 171-182〕は、「シルバータウン」の高齢者たちが時間を貫く自己アイデンティティを維持する方法として、彼らが個人史的な意味を持つモノを大事にすること、自分の家をアイデンティティを表すモノで飾ったりすることに着目する。そして、自己アイデンティティがどれほど周りのモノや人物に依存しているのかを指摘し、モノを「自我の鏡」と表現する。私的空間が私たちに与える安定感や持続性は、この空間を構成するモノのおかげである。住民たちが引っ越しはいやだと言うのは、モノの全面的な再配置への抵抗でもあるのだ。

ボーヴォワール〔2002: 652-656〕は、住む場所を移すこととは、慣れ親しんだ物事に溢れた現在との断絶を意味し、いかなる形であったとしてもそれは年寄りに「死」をもたらすと、習慣や所有物が与える存在論的安心感を強調する。サルトルの『存在と無』を引用して「老人は存在するために所有する」とまで書くのだ。それは、1DKへ引っ越しをする女性住民との対話でも目立つものであった。

若者たちは大丈夫だろうし、男性はそうでもないが、女は違う。でも、部屋が狭くなるから、全部捨てないと。どうせ捨てるものだから捨てるしかない。お皿も着物も全部。でも、皆泣くのよ。捨てたくないものも捨てなきゃならないから。捨てられずにやっと寝るスペースだけが残ったと

写真 5-7　新築号棟（2017 年 7 月撮影）

写真 5-8　同

も聞いた。一人でも部屋二つくらいは必要よ。積み重なってきたものが多いから。

（二〇一〇年七月、ふれあい館にて、カラオケ会メンバー三人へのインタビュー）

『ひとり誰にも看取られず』［ＮＨＫスペシャル取材班・佐々木 二〇〇七］や『団地が死んでいく』［大山 二〇〇八］では、団地の高齢化によるコミュニティ崩壊の深刻さを報告し、建替え計画に反対し、孤独死対策に取り組んでいる千葉県松戸市の常盤台団地が取材される。そして、「古くても、狭くても、段差があっても、目をつぶってどこに何があるか身体で覚える」ほど慣れ親しんでいる環境への、住民たちの愛着に注目している。建替えをめぐるさまざまな葛藤は桐ヶ丘団地のみの問題ではないのだ。

建替えや移転が招く諸問題にもかかわらず、建物の老朽化もあり「建替え反対」と簡単には言えない。二〇一二年三月のインタビューでAさんは、「増築されて今は3DKとなって、トイレも新しくなったので、壊すのはもったいないし、引っ越したくない」と語った。しかし、二〇一二年の秋、彼は倒れて、入院することになった。退院したが、車いすが必要となり、エレベーター付きの新築号棟へ引っ越さなければならなかった。「隣り近所と離れるのはいやだから建替えを望んでいない」と語ったE地区の女性住民も、夫が車いすを使うことになり、「馴染みのない」新築の号棟へと引っ越すことになった。住民たちは「この歳で引っ越したくない」と話すが、高齢の住民たちに迫ってくる状況はさらに厳しいものになっているのだ。

第6章　居住の貧困

桐ヶ丘団地の建替えによる最も大きな変化は、新築住居の四〇％にのぼる1ＤＫの建設である。一人暮らしの人は1ＤＫへ移転するという原則は、単に居住面積だけの問題ではなく、家族解体による住居規範の大転換を意味する。本章では、シングル時代の住まいとしての1ＤＫの意味を検討したい。また、公営団地における建替えが、いかに高齢住民どうしの日常的な相互作用を萎縮させているのかを批判的に議論したい。

1　シングル時代の間取り

1―1　「お一人なら1ＤＫ」

現在、桐ヶ丘団地では、一人世帯向けの1ＤＫ、夫婦世帯向けの2ＤＫ、三人以上の家族向けの3ＤＫが、四対四対二の比率で建てられている。単身者は和室六畳、食事室四・五畳の1ＤＫ（三二平方メートル）へ、二人世帯は和室六畳、洋室四・五畳、食事室六畳の2ＤＫ（四七平方メートル）へ、三人以上の世帯は和室六畳、洋室四・五畳、洋室四畳、食事室六畳の3ＤＫ（五七平方メートル）へ入居することになっているのだ。1ＤＫの登場は建替え過程で最も目立つ間取りの変化である。建替え第1期の住民たちは一人でも1ＤＫか2ＤＫのどちらかを選択することができたという。

27号棟（一八階建て）と3号棟（一九階建て）が一番最初。第1期は緩やかだった。私は第1期に（現在の桐ヶ丘デイホームの付近に）引っかかった。初めだったから、建てるうちに皆が浮間の新しくなったところに移ったり、桐ヶ丘団地の空き部屋に入った。浮間から戻りたい人は帰ってきた。戻りたくない人は浮間に残った。抽選会で、一人でも2ＤＫに入る人もいた。第1期は選択肢があったの。第2期から急に厳しくなった。27号棟の空いている部屋に第2期の人も入ったが、そのうち一人は1ＤＫに決まった。

（二〇一二年四月、建替え第1期の27号棟に住んでいる住民へのインタビュー）

しかも、第1期の1ＤＫは「それほど狭くなかった」ともいわれる。第2期以降、部屋はますます「コンパクト」になった。住民たちは、「食卓に座って流しまで手が届く」ぐらい狭くなったと表現した。二〇一〇年の建替え説明会の頃に行ったインタビューで、東京都都市整備局の計画担当者は、都心部の住宅がだんだん狭くなるため、公営住宅法の標準設計による都営住宅も狭くなるのが公平であると語った。既存公営団地の2DKが若い夫婦と子供による「標準家族」のために建てられた空間であったなら、1DKは家族時代が終わってから残された「個人」を容れる住まいなのだ。

政策としては、ファミリー向けの団地を増やしていくことを打ち出しているが、老朽化しているところの建替えだから、既存の住民の引っ越しだけでも精いっぱいであるため、老人団地みたいになっています。（一九六四年の東京）オリンピックの頃にいっぱい作り、老朽化している今の団地に住んでいる単身者が増えているので、ファミリー向けを増やすのが基本政策であるが、結局は一人暮らし向けを建設する。広さについては、都営の基準があるし、その時の住宅事情によるものです。（二〇一〇年六月、東京都都市整備局の桐ヶ丘団地建替え担当者へのインタビュー）

また、この担当者は、現在の団地の世帯構成を意識したうえでの四対四対二の計画なので、1DKの部屋は壁を抜けるような形に設計されており、将来家族世帯向けに部屋を広げることが可能であると説明する。

1DKの建設、そして建設される1DKがさらに狭くなっていることは、もちろん桐ヶ丘団地だけの建替え傾向ではない。近くにある十条の都営団地に四〇年以上居住し、建替えで桐ヶ丘団地へ移転してきたある住民は、「十条は2DKじゃなくて2Kとなり、そのためキッチンのそばに洗面場があったり、部屋と部屋のあいだにキッチンやお風呂がある形で建替えられ、使い勝手がすごく悪くて、桐ヶ丘団地へ引っ越すことに決めた」と話した。

桐ヶ丘団地の住民たちが建替えで最も不満を表すのは、四〇％にのぼる1ＤＫの建設と、一人暮らしはこの1ＤＫへ移転せざるをえないということであった。住民たちは、将来高齢者向けのベッドや車いすを入れなければならなくなったとしたら「ギリギリだ」と空間的な狭さを批判した。それは、家族の介護が必要となっても、居住者以外の存在を受け入れる空間的な配慮がないことに対する批判であった。住民たちは「住んでいる人の考えではなく、建てる人の考えだ」「1ＤＫは人間扱いではない」「1ＤＫは住宅政策の大失敗」と、1ＤＫ建設を批判する。1ＤＫへの抵抗は、単なる狭小の問題ではなく、その空間がもたらす孤立や孤独への問題提起でもあった。

1ＤＫは人間の生活じゃない。石原都知事（当時）の考えは1ＤＫに高齢者を入れて、死んじゃうと壁をぶち抜いて家族を入れる構想かもしれないが、今の建替えは今の住民が死ぬことを待っているようだ。1ＤＫは住宅政策の大失敗です。大きい部屋がほしくてお金払っても駄目だ。一人だと1ＤＫにしか入れない。お金があったら民間に行きなさいというのよ。石原都知事が桐ヶ丘団地に来て「都営住宅の人になんでこんなに贅沢な生活をするルームができたのか」と話したって。

（二〇一〇年七月、自治会役員たちへのインタビュー）

家賃考えたら、十分だという人もいるかもよ。家賃高いことよりはいいから。特に男の人。でも、

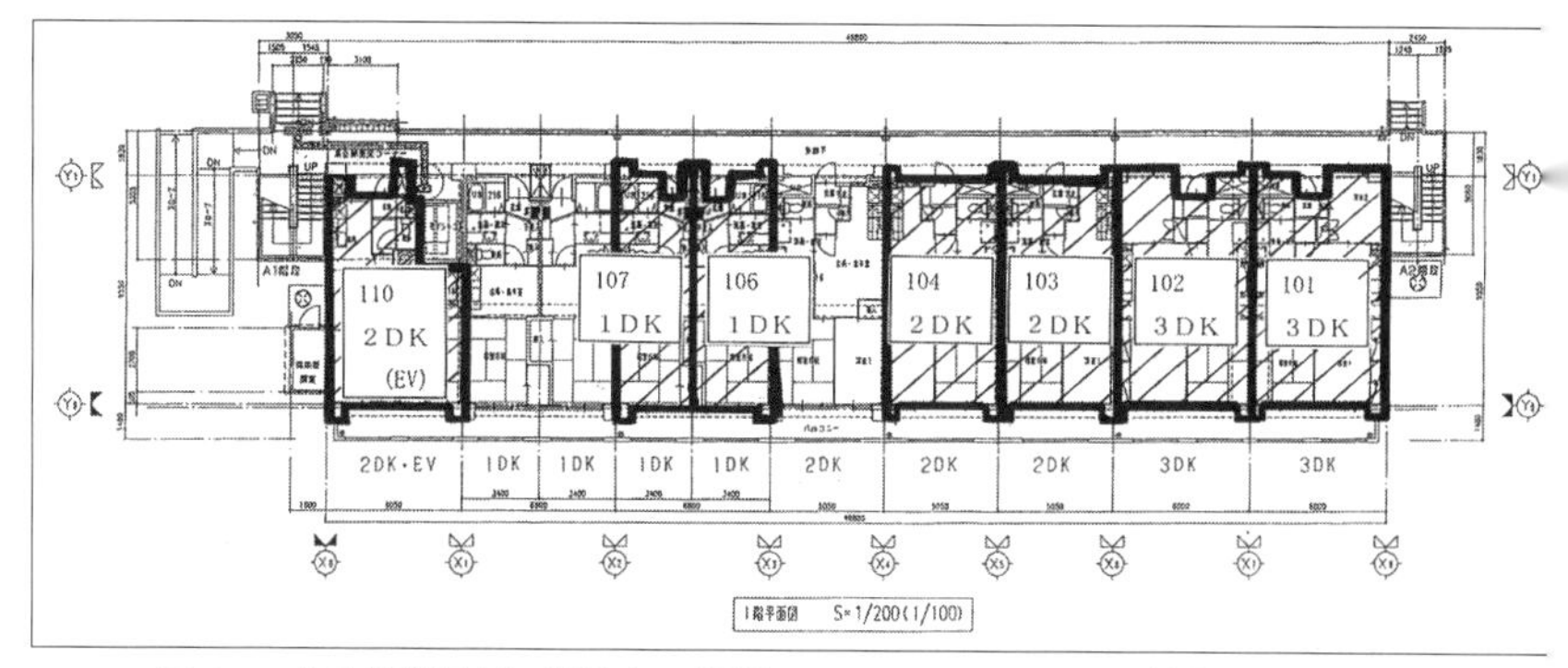

図 6-1　ある新築号棟の間取りの配置。1DK・2DK・3DK の割合が 4：4：2 となっている。この平面図が 7 階まで反復される形となっている。1DK は常に 2 戸がそろって 1 組となっていて、2 人向けの住宅に改造しやすいように、隔てている壁が抜けるようになっている（自治会役員提供）

写真 6-1　上の図のような計画によって各フロアに 10 戸が並んでいる新築号棟（2012 年 11 月撮影）

女は違う。いやだ。ウサギ小屋だよ。ひとりでも荷物がいっぱい。荷物を置く部屋がほしくなる。寝たきりになったら、家族が寝る場所がない。ベッド入れると寝泊りが難しくなる。子供が来ても、泊まってもらえない。車いすでいっぱいいっぱい。

（二〇一一年一一月、民生委員三人へのインタビュー）

結婚して家族を形成して初めて住宅政策の対象となった日本の家族中心の住宅政策、生活保護を受けていても単身者には入居資格を与えなかった一九五〇年代からの公営住宅制度を振り返ってみると、一九九〇年代の建替えで四〇％に及ぶ１ＤＫが計画されたことは、家族規範がいかに急変してきたかを表している。一九六〇年代の累積結婚率を見ると、四〇歳以前に一度でも結婚したことがある者の割合は、男性は九七％、女性は九八％を超えるほどで、当時は皆が結婚して家族をつくる時代であった。一方、五〇歳の時点で一度も結婚をしたことのない人の割合を「生涯未婚率」とすると、二〇三〇年になると男性の生涯未婚率は二九％、女性は二三％と予想される。単身世帯数は増えつつあり、一九八五年から二〇〇五年の二〇年間で、八〇歳以上の男女単身世帯数が五～七倍にも増えた［藤森二〇一〇：一―二］。こうした家族規範の急激な変化に比べると、家族の器としての住宅は、その変化に追いついていないような印象さえ与える。

しかし、「狭い」という不満は、単に広さに対する問題提起ではなかった。それは高齢者たちの身体的状況と間取りの不調和によるものでもあった。「ベッドを置くと家がいっぱい」になるし、「車い

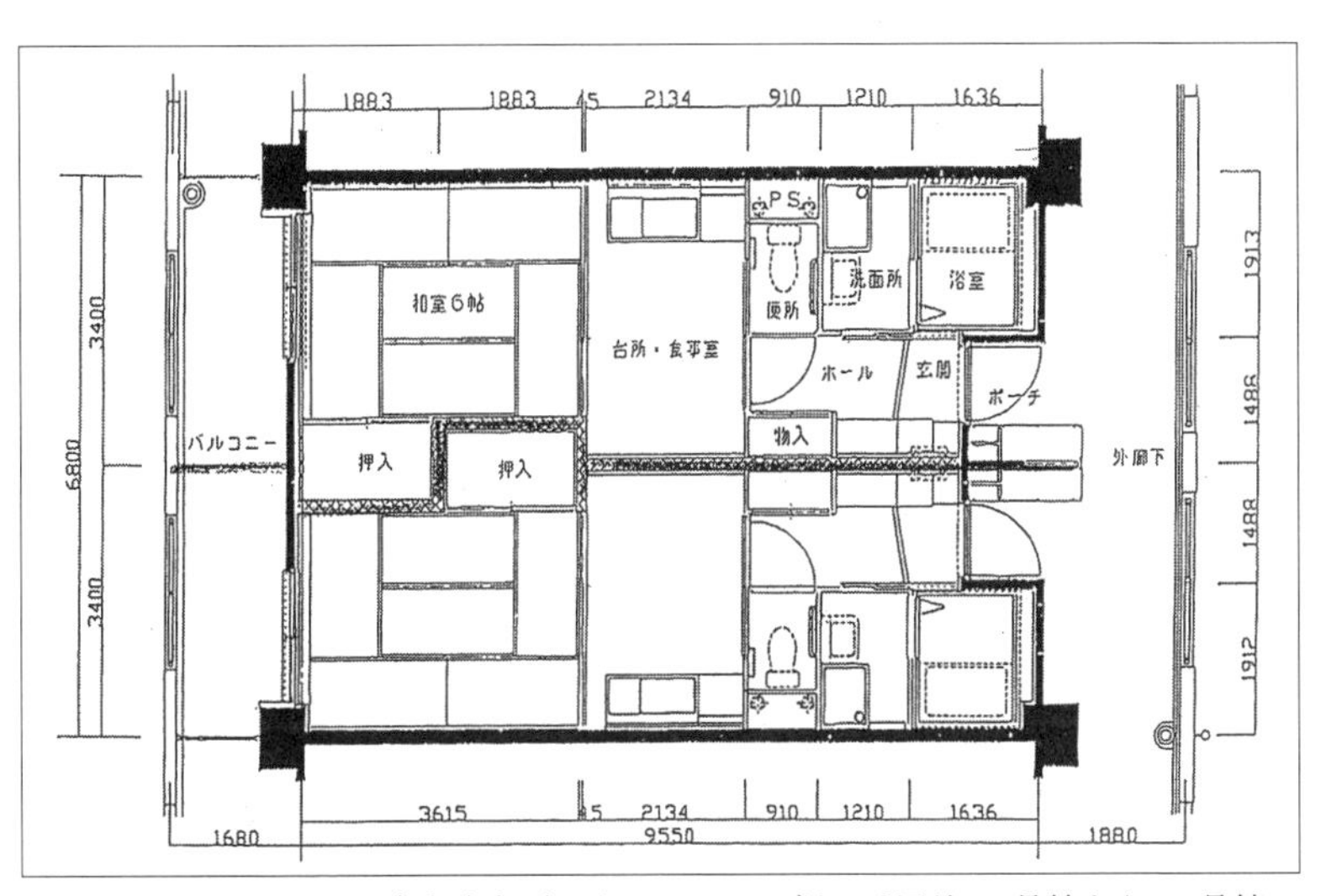

図 6-2　2 部屋が向き合う形になっている、桐ヶ丘団地 33 号棟から 37 号棟の新築 1DK（約 32m²）の間取り（自治会役員提供）

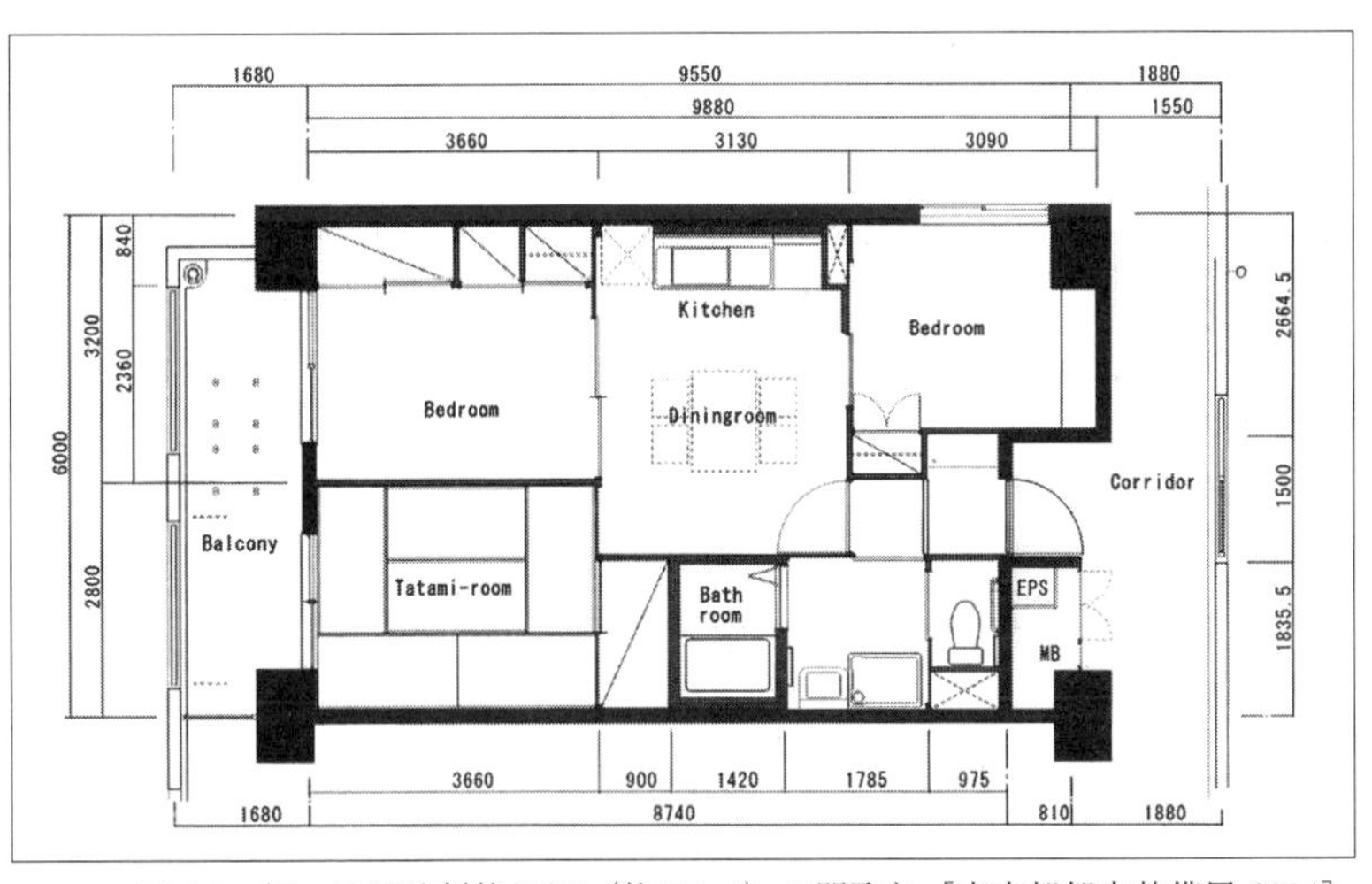

図 6-3　桐ヶ丘団地新築 3DK（約 57m²）の間取り［東京都都市整備局 2014］

すがドアを通過するのもギリギリ」だという話がよく聞こえた。それにもかかわらず、建替えに関する集団的な異議申し立てが発生しないのはなぜだろうか。「税金でお世話になっているので我慢するしかない」という言葉には、住民たちが感じている複雑な気持ちが込められているように思われる。

1-2　孤独の日常化

桐ヶ丘団地内で移転したK自治会のある男性は、以前と今の間取りを比較して家の中の絵を描きながら、「狭くなった」「窓があっても狭い、狭い」と言い、以前と比べると「今の方が使い勝手が全然悪い」と不満を言った。彼は一九六九年に入居して、子供三人を団地で育て、二〇一三年一一月の聞き書き当時は、新しい住宅に引っ越してから丸五年になったと語った。

以前は風呂場にも流しにも窓があったが、今の1DKには窓がない。2DKにも小さい窓があるだけで明かりがない。今は全然（室内の）様子がわからない。お風呂も台所も窓がなくて昼でも電気をつけなきゃ。1DKはひどい。光が入らないし、風通らないし、会話が遮断されているし。ようするに（他人と）接触する機会がうんと減っちゃった。流しの窓がなくなっただけでも、人の動きがわからなくなって。前は、夏はみんな窓を開けているから、隣りどうしの立ち話ができたけどね。

（二〇一三年一一月、K自治会の男性住民へのインタビュー）

K自治会の男性住民の発言のように、かつては台所の窓がフロアを共有している住民どうしで対話ができる窓口として存在していた。しかし、建替えで新しくなった家では、それが遮断され、日常的な交渉の可能性が少なくなっている。さらには、孤独死が疑われる状況でも、室内の様子をうかがうことができず、閉鎖的な空間計画に対して問題提起する自治会役員もいた。

建替え後は、写真6－2のように、各部屋のガス、電気、排水管などがまとまって玄関のそばに位置し、玄関が引っ込んだ形になっている。住民たちへのインタビューから、意外にもこの引っ込んだ玄関が問題視されていることがわかってきた。引っ込んでいる玄関のせいで、明るい感じがなく、不安を覚えるという話であった。また、隣りどうしが顔を合わせる機会も減って、静かすぎるフロアになってしまったとも語った。

写真6－3と6－4は、現在桐ヶ丘団地に共存する建替え前の号棟と新築号棟の典型的なフロアの様子である。建替え前は玄関が平面的に並んでいるが、新築号棟は玄関が引っ込んでいる。

　玄関が引っ込んでいるので、顔を合わすことができない。今は隣りがドアを開けてもわからないから。以前はお互いにドア開けると挨拶できたが、今はあれが難しい。玄関で声かけられないから。静かすぎてお互いにわからない。横並びは交流ができやすい。今の建て方は本当に交流がしにくいよね。つくり方の問題。人が入れるスペースだから、誰かが隠れていてもわからなくて怖い。最初は本当に怖かった。引っ込んでいるから車いすもギリギリで大変。そういうことまで考

写真 6-2　引っ込んでいる玄関の様子。建替え前は浴槽などの排水が上から下まで家の中を通過するため、上で水を使うと水が流れる音が聞こえて、夜にはうるさいくらいであったという。今はガス、電気、排水管が入る部分が各戸の玄関のそばに位置する（2017 年 8 月撮影）

えていないようだ。

（二〇一二年一一月、山田さんと高野さんへのインタビュー）

引っ込んでいる玄関に対する住民の不満を建設事務所の関係者に伝えると、そのような問題があるとは想像もできなかったと驚いた。そして、引っ込んでいる玄関は、お互いに出入りする時に体がぶつかったりする不具合がない動線を導くよう配慮したものであり、さらには、車いす二台がすれ違うことができる幅を確保するためのものであると説明した。つまり、他の車いすが通過するのを引っ込んだ玄関で待つことができる設計であるのだ。担当者は、玄関を深くせずに、玄関前の幅を広げたりする工夫もしているが、そうすると別のスペースを使ってしまい、家が狭くなる恐れがあるので、このような工夫を施しているとも話した。このことから、使う側の便利のためという意図が住民たちには伝わっていないことがわかった。フロアで自由に動けるように配慮した計画が、住民たちにはむしろ不安感や孤独感を与えているのだ。

また、写真6−3から、古い建物は玄関のそばに大きな台所の窓があり、従来のフロアの様子が開放性の面では優位であることがわかる。窓が狭くなって、開放感がないということに対して、建設事務所の関係者は、「あまり外から見えない方がいい」「人が通るのが窓から感じられるのがいやだ」と

写真6-3　建替え前の号棟の玄関の並び方（2013年11月撮影）

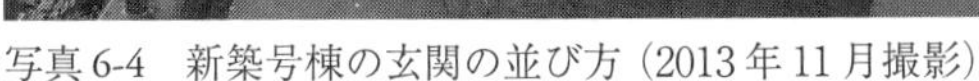

写真6-4　新築号棟の玄関の並び方（2013年11月撮影）

いう意見もあるし、戸数のためにやむをえないことでもあると述べた。「昔の住戸タイプのような引戸の窓は幅が必要で、面積的に非効率的な間取りになる。細長い家を入れるのが建物としては最も効率的」とのことであった。担当者は、「間取りはむしろ広くなっているが、にもかかわらず、狭くなったように感じられるのは、細長くなっている構造的変化のせいで開放性がなくなったのではないだろうか」と話した。

閉じた1DKは、日常的に自立を相互に支持し、支援するための空間的な可能性を遮断してしまうという点で、「地域中心」「自立中心」の高齢者福祉のスローガンとは逆の方向を向いているように見える。公共の住まいが人口減少、超高齢化、家族解体が進んでいる今日の社会に似合わない器として作られているのだ。山本理顕［二〇一五：一四六］は、入札で行われる都市整備局の都営住宅設計者の選定方法を批判する。設計費に関して一万円の基本設計費で四二六戸の都営団地の建設が行われたり、さらには設計費「一円入札」があるほど、「設計費が安ければよい」との長年の習慣があって、設計者のユニークな発想や技術が発揮される余地がないことへの批判である。それは、都営住宅は標準設計に基づいた定型的な建築物であるとする官僚主義的な供給方式への批判であり、都市整備局の特権的な方法によって公共の住まいが決められることへの批判である。かつての住宅不足の時代と同様な官僚的「標準」が、「建てること」と「住まうこと」の分離を深化するのだ。

2　建替え過程における住民の疎外

2—1　「建替えが終わる頃にはこの世にいない」

筆者が桐ヶ丘団地で最初に出会った住民たちは、まだ建替えが行われていないN地区の住民たちであったため、彼（女）らとは今後の建替えについて話し合うことになった。住民たちは、「このままがいい」「引っ越しは大変」「改善事業がもったいない」「隣り近所がばらばらになるのはいやだ」と、皆建替えに対して反対であった。また、建替え後、認知症が悪化したり、外出の際に迷ってしまって閉じこもりがちになったり、引っ越しで具合が悪くなったりする人がいるといった否定的な話ばかりだった。年金生活をしているので、最終的に家賃が二倍程度に上がり経済的負担が大きいという不安もあった[36]。何よりも、一人暮らしの人が1DKに入ることへの不満が大きかった。建替えに対する高齢住民の意見に耳を傾けてみよう。

二〇一〇年七月には、今後の第4期から第6期までの建替え後期工事に関する説明会が行われた。第1期から第3期までの前期工事の説明会から一四年も経過していた。建替え計画に関する説明が終わると、住民からの質問時間があった。質問に際しては、この説明会が録音されていることが告げられ、質問をする時は、何号棟の何号室に住んでいるのかを言ってから質問内容を話すことになっていた。区域ごとに集まって説明会が数回行われたが、間取りや家賃に対する質問、家が小さくなるのに家賃が上がることへの不満は、どの説明会でも共通であった。計画担当者は「東京都の方針としては」「基本的に税金でやっているから」などの言葉で答えたりした。

建替え予定地区の説明会が終わってからの帰り道に、住民たちは「図を指しながら約五年後、一〇年後にこのブロックが向こうのブロックへ移るという説明だから、聞いても全然わからない」「あと五年後、一〇年後だから無理して(説明会に)行かなくてもいい」「設計図は見てもわからない。平方メートルは全然わからない」と説明会への不満を表した。「皆そこまで生きていない」という無関心な反応から、建替え予定地区の住民たちは怒っているように感じられた。

二〇年前にもう建替え説明会があった。しかし、建替えは進まなくて、逆に八年前に一間増やす増築の工事があって、工事の期間中には仮家で住んでいた。死ぬまで壊さないんだなと思っていたらまた建替えの話。壊す必要までないと思う。皆がもったいないなと思っている。N1号棟は昭和三七年に建てられて、私は昭和四二年に来た。皆、今さら引っ越しはいやだと言っている。(建増しの時に)仮の住宅にいる間に建替えしたらよかったんじゃない? 知らない人ばかりのところに行きたくない。隣りどうしで一緒に行きたい。皆で反対しようというのよ。

(二〇一〇年八月、橋元さんへのインタビュー)

高齢の住民たちは、引っ越しについても心配する。説明会で、ある住民は「うちのお母さん、全然動けない状態です。引っ越しどうします？　団地では非常に多いと思う」と抗議した。「この年で引っ越しはしたくない」という住民の反応は切実なものであった。「家賃が高くなるし、収入は相当少ないし。病気になると赤字よ」という反応から、建替えによる変化への不安が感じられた。

2-2　「どうせ税金でやっているから」

しかし、建替え第1期のE地区のある住民は、亡き夫が自治会役員として都庁を訪問して建替えを要求したり、広報活動をしたり、建替えを実現させるために頑張ったと語った。当時の住民たちは建替えを歓迎し、大変喜ぶ雰囲気であったという。それは、現在の建替え予定地区の住民たちの反応とはかなり対照的である。

一方、移転を終えた人びとへのインタビューからは、「新しくなっていい」という反応も多かった。彼（女）らは、建替え前の家は老朽化が深刻だったため、引っ越しは大変だったが、綺麗になって満足していると言った。トイレや水回りが便利になっていいとも語った。階段の上り下りが大変な住民は、エレベーター付きの新築へ引っ越したりもしている。二〇一一年八月、ふれあい館で将棋をさしていたある男性住民は、五か月前に東から西地区に引っ越したと述べながら、「生活環境に慣れていない人が病気が重くなったりしたとも聞いたけど、私は家内と二人だから不満はない。高齢だからそれでいいという感じだ」と反応した。「どうせ建替えをするなら、自分が一年でも若いうちに建替えてほしい」という声も聞こえた。インタビューを重ねるほど、住民の立場を一括して「建替え反対」ではとらえられないことが明確になっていった。個人の健康状態、家族関係、経済的な状況、近隣関係によって、住民たちはそれぞれ異なる立場に立たされていた。特に、足が不自由な高齢の住民は、エレベーターが使えるようになったことで外出が便利となったと語っていた。

では、そのようなメリットがあるにもかかわらず、建替え予定地区の住民たちから建替えに対する期待感が感じられないのはなぜだろうか。建替え予定の地区では「どうせやるんだったら、一年でも早いうちにしてほしい」という反応が最も肯定的な答えで、「建替えを待っている」という話は聞いたことがない。増築ですでに家が広くなったり、改善事業で窓枠などの古い部分が改修されたりしたため、現在住んでいる家に満足していることが大きな理由であるかもしれない。特に1DKへ移転しなければならない住民は、引っ越しを望んでいなかった。

しかし、建替え予定地区の住民たちから感じられる無関心や不満は、それだけでは十分に説明しきれないものでもあった。団地内には、長年ここに住んで建替えの当事者であるにもかかわらず、建替えの過程から完全に排除されていることに対する疎外感が広がっているように感じられた。二〇一二年一一月のK自治会の住民たちへのインタビューで、ある住民は移転説明会での一方的な説明に怒りを示した。

住民の話を聞かない。皆の税金でやることだから文句言うなという態度。あなたたち（住民たち）

が選んだ大家さんは石原知事だって。（家賃を）払えるならば民間に行きなさいという態度。もう壊しますから越してくださいと。来年の一月の二週間に引っ越しする。年寄りばかりなのに寒いから無理だと言っても、これは決まっていると。行かされるんですよ。腹が立ってもしょうがない。税金でやることだから。

（二〇一〇年七月、自治会役員たちへのインタビュー）

彼女は、「気持ちの切り替え」もできずに引っ越しをしたが、その後の撤去工事もあまり進まなくてまた怒ったとも話した。住民たちは、「都が住民の話を全然聞かない」と批判した。地域の問題に誰より詳しい自治会の会長も、地域振興室の近くの四つの棟が撤去された空き地を眺めながら、「撤去しただけで、かなり時間が経っているが、何になるかがわからない」と語った。

確かに団地は、地震対策や老朽化のため、建替えなければならない時期になった。人口減少の時代だから、既存の住宅を改善したり、建替えたりするという東京都の方針は合理的でもある。また、「税金で建てるので贅沢な家は作れない」という基本的方針の中でも、公営住宅の条件は、民間借家の住居条件より優れている。公営住宅に住み続けるのが安定した生活を維持するための最善の方法であることは、住民たち自らが誰よりもわかっている。そこで、建替えの過程においても、住民たちは「住宅に困るから」「税金でお世話になっているから」「仕方ない」と言わざるをえない立場に置かれている。これは、「運よく」都営住宅に当たり、定着している以上、当然のこととして甘受すべきものとなっているのだ。「基本的に税金でやるから、住んでいる人の考えではなく、つくる人の考えだ」という認識は居住者と建設者側に共通する基本的な立場のようであった。「税金で建てるため、贅沢な家よりも戸数を増やすべきだ」という公営住宅政策の初期からの政府・行政の立場は、戦後の七〇年間、大きく変わっていないようにも見える。しかし、この七〇年間、桐ヶ丘団地は住民たちの日常的な生活の場所であった。だからこそ、住民たちが建替えの過程で感じる「疎外感」は深いものだといわざるをえない。

現在の住民の消極的な対応は、「家賃値上げ反対」の運動をした昔の住民たちとはかなり対照的なものである。「家賃値上げ反対」の時代より福祉制度は成熟しているにもかかわらず、「自立」をめぐる「自己責任」の意識はさらに強まっているともいえるだろう。建替えに関するインタビューでは「建替えが終わる頃には私はもう死んでこの世にはいない」という冗談まじりの話を何度も聞いた。それは、自分の老衰と住居の建替えという避けられない出来事を同時に経験する住民たちが感じる、複雑な感情が込められた言葉であるように思われた。

3 コモンズ的公用空間の衰退

3-1 建替えと「庭」の消滅

篠原聡子［二〇一五：四六―五五］は、分譲マンションの公用空間の変遷を調査し、集合エントランス部分にオートロックが設置される前後で、配棟計画、および公用空間の設えが変化させられたことに着目する。一九八〇年代前半まで、公用空間は主に管理人室前やエレベーター前に小さな「たまり空間」が見られる程度であったが、二〇〇〇年以後からガーデンラウンジ、ヴィスタラウンジ、ギャラリーラウンジ、さらにはライブラリーやカフェなどが登場する。また、二〇〇〇年代は三〇〇戸以上の大規模物件の供給とともに、公用部の多様化が進み、ゲストルーム、ジム、ミニコンビニ、保育所、または足洗い場やグルーミングルームなど、マンション内で完結する利便性の追求が進む。これによって、屋内外の連帯が図られ、屋内外を問わず敷地内に居場所を集約させることで、一つのマンションが一つのコミュニティとして意識されるようになってきたのだ。

写真6-5　桐ヶ丘団地N地区の公用空間の「庭」。腰を掛ける人のため、日よけをかけている（2010年6月撮影）

一方、桐ヶ丘団地における公用空間のありようは、それが民間マンションの建て方と対照的であることによってさらに目立っている。建替えにおける桐ヶ丘団地の公用空間に関する建築的配慮は、篠原が観察した「公用空間は利用目的の明確な集会所のみであった」という一九八〇年代のマンションの水準にとどまっているように見える。各自治会が使える集会所が存在し、ここで自治会の会議が開かれたりするが、この空間は日常的に自由に腰を掛けられるような場所ではない。集会所は、事前に利用を申請したり利用料を払ったりするため、自治会が中心となった活動以外にはあまり使われていないのだ。

その中で、かつての桐ヶ丘団地において公用の空間として目立つところがあった。それは、住民たちが育てる「庭」である。公営団地では、個人が空き地に何かを植えることは公式には禁止されている。しかし、建替えがまだ行われていない古い号棟の間にある空き地には、住民が個人的に草花や木を育てる「庭」がいたるところに存在する。くつろぐためのいすを出してあるところもある。建替えの最中である桐ヶ丘団地内において、建替え前のN地区と、新築号棟前の空き地の様子は非常に対照的である。

N地区の一階に住んでいる女性住民は、自分の趣味はベランダ前の空き地に草花を植えることだと自己紹介し、自治会が環境を綺麗に整備してくれることに感謝していると語った。食用の植物を栽培することは禁止されているが、「少しずつ育てて食べることはいいじゃないか」と、野菜も少し植えていた。彼女の自宅でインタビューをする時、こたつの下に大きな猫がいて、筆者は驚いた。この住民はベランダの扉を少し開けておいて、猫が出入りできるようにしておいた。彼女は「亡くなった母親が一人ぼっちの私を慰めるために、猫を贈ってくれたようだ」と猫に対する愛情を示した。また、月一回は、猫が円形になって公園で会議をするという噂を聞かせてくれたりもした。桐ヶ丘団地は「ペット禁止」の集合住宅であるが、彼女が世話をするトラという猫は、団地に暮らすノラ猫で、彼

写真 6-6　桐ヶ丘団地 N 地区の公用空間の「庭」。彼女がえさをあげる猫の出入りができるように、バルコニーにはしごをかけている（2012 年 11 月撮影）

女からエサをもらっている。彼女は庭に日よけをかけ、そこに座っていることが最も楽しいと語っていた。

　桐ヶ丘団地の住民は、入居の初期から世帯ごとに空き地を分け、草花を育ててきた。公営団地が都市計画や行政的な規制の中で誕生した空間であったとはいえ、長い団地の歴史の中で、住民たちは彼（女）らの私的領域を屋外に拡張させ、「生きられた空間」を作り出してきた。住民たちはたまに腰を掛けられるような、公私の曖昧な「コモンズ」的で、「専有」も許される空間を作り上げてきたのだ。それは、都市集合住宅における「ローカル・コモンズ」[37]のようでもある。また、個人が公用空間で個人の「庭」を育てることにより、その空間は小さな広場として存在してきたのである。

写真 6-7　桐ヶ丘団地Ｎ地区の「庭」(2010 年 6 月撮影)

住民たちは、「昔は世帯ごとに空き地を分けてお花を植えたり、そこを使わない世帯があればもっと植えたい人が空間を広げたりした」と述べた。古い号棟は外に水道の蛇口がついており、水まきも簡単であったという。

昔は少しずつ分けて、サツマイモとかたくさん植えた。ナスが硬くなったりして土は良くなかったけど、とにかくみんな植えた。特にお花を植える人が多かった。うちも植えたんだけど、引っ越してからは植えられない。新しいところが、規則的に絶対植えさせないのね。今は水まきも不便になったし、前のような感じじゃなくてやりにくい。

(二〇一四年七月、大石さんと山田さんへのインタビュー)

新築のブロックにおける公用空間はそれまでとは対照的な様子であった。植栽は自治会が管理するので、建替え後にも自治会ごとに公用空間を管理し、草むしりをしたり季節の花を植えたりする活動は続けられている。また、自治会の仕事だとしても、個人的に丁寧に手入れをする住民もいる。しかし、公用地は個人的に利用できないという規則が徹底されており、空き地を利用した個人の「庭」は消えていた。それは、(私的)専有を許容する公用空間としてのコモンズ的公共性の消滅を意味する。[38]

個人の「庭」が消えたことに関しては、住民たちは「もう年だから」とあきらめている。しかし、建替え前後の対照的な「庭」の様子から見て取れるように、建替えの過程とは、空間を自分のものにしようとする想像力やそのための試みが無力化されていく過程でもあったといえる。それは、長い間手入れをしてきた「庭」という慣れ親しんだ場所が失われたからではないだろうか。禁止されたことをしないのは、ただそれが禁止されているからではなく、その空間に対して、「専有」の意志を持てず、無関心にならざるをえない立場に立たされるようになったからではないだろうか。この空間に時間が蓄積され、新しい想像力が発揮されることは可能であろうか。

3-2 衰退する商店街

公共空間の衰退に関する問題意識は、桐ヶ丘団地内の商店街の衰退からさらに明確になる。商店街は、赤羽郷の時代から最もにぎやかな空間として、また団地の入口としても存在してきた。しかし、

写真 6-8　夕方の桐ヶ丘団地の商店街（2012 年 11 月撮影）

夕方になっても点灯されない店が多い現在の商店街の様子は、団地の現在を最も象徴的に表す風景でもある。

高齢化で購買力が低下したこと、シルバーパス（七〇歳以上の人が割安でバスを利用できるパス）によって赤羽駅へのアクセスが容易となったことに加え、新自由主義的政策により駅周辺に大型スーパーの出店が進み、経営が成り立たない個人商店の閉店が続いてきた。「商店がなくなって行かないようになったのか、行かないから商店がなくなったのか、何が先かわからない」うちに、出会いの場としての商店街は、大型スーパーへ客を奪われ、衰退の一途をたどっている。

大型スーパーで買い物をする日常的な行動は、生活に必要なものを満たす快適な手段にはなるものの、日常的なふれあいによる存在的な安定感や豊かさを与える有意味な経験には乏しい。個人の「庭」がなくなること、また商店街が衰退することは、信頼、互恵性、連帯など、日常生活を支える社会的資本が蓄積される空間的な可能性が無力なものになることを意味するのであろう。それは、より根本的には「没場所性」(placelessness)［レルフ 一九九二］の態度が支配的なものとなっていく過程でもある。世界と人間の可能性に対する閉鎖的な態度こそが大衆社会の支配的な存在様式であるとすれば、桐ヶ丘団地は「没場所性」を誘発する源泉としての技術と権力に無防備にさらされているのだ。

第Ⅳ部　孤独と尊厳

孤独死は、死が追い払われていた日常生活の場へ、突然、死が侵入した、現代社会における「突発事件」である。近代社会における死の隠蔽は、生の隠蔽にほかならない。それゆえ、孤独な死を議論することは、新たな生の可能性を切り開くことでもある。第Ⅳ部では、戦後日本社会におけるプライバシー、また自立神話を振り返る一方、それを踏み台にして超高齢社会を生きている人びとの孤独と尊厳、またその間に存在する他人の意味を照らし出す。

第7章　孤独な死

団地の「孤独」の問題は「孤独死」において顕在化する。そばに誰もいない1DKの閉ざされた「マイホーム」で発見され、「公共」が関与する死は、人類がいまだかつて経験したことのない死の姿である。今日において、孤独死は「異常死」であると同時に、普通の人がその可能性を恐れている「平凡な死」でもある。本章ではそのアンビバレンスから孤独死の意味を追究したい。

1　「孤独死が一番怖い」

桐ヶ丘団地の住民たちとの付き合いが長くなっていく中で、「高齢者ばかりだから高齢者が頑張っている」と冗談を言っていた自治会の役員たちの老化もしだいに目立つものになっていった。持病の悪化などで入退院を経験してからは、地域活動や日常活動が難しくなる場合もあった。そもそも建替えを歓迎していなかった住民も、本人や配偶者が車いすを使うようになると、エレベーターがある新築棟を斡旋されて引っ越していった。

このように高齢化が進む中で、「地域自治会」は住民全員が関わっている組織であるだけに、日常において最も重要なネットワークとして存在している。新築棟に引っ越して「近所の名前さえ分からない状態で、フロア長となって大変だった」と言った山崎さんが、そのおかげで隣近所と馴染むようになっことからもわかるように、自治会は住民たちがネットワークを築く重要な契機となる。だからこそ、定期的な掃除や会議があるのに、なぜ住民どうしの顔合わせができなかったり、隣りが誰かわからないのか、不思議でもあった。

入居する人が、私は掃除はできません。何もできませんと言うのよ。最初からお断りですから。あいさつ代わりに来ますよ。腰が痛いとか、足が痛いとか言って、やってくれない。障害があったり、お馴染みがなくてお隣りさんと話を持たない人があったり。最近は、一〇軒の中で五、六軒が掃除に出る。これ以上高齢化したら、自治会の運営はできないです。区にも都にもそう言っています。高齢化は年々進みますから、これから何年できるかわかりません。役員の具合が悪くなってできなくなると、バトンタッチもできない。（二〇一五年八月、鳩山さんへのインタビュー）

自治会に顔を出さない住民や、自治会のネットワークから消えてしまう住民が増えつつあり、自治会活動から抜けてしまう流れは、移転により加速化されている。「これ以上高齢化すると、自治会は運営できない」という鳩山さんの発言は、自治会の維持にとどまらず、団地コミュニティの消失への警告でもある。山崎さんは、「本当に不思議なんだけど、こんな大きな建物なのに、廊下で何日間も誰とも出会うことがない。いるかどうかわからない隣人が増えている」と話した。このような状況では、「孤独死の不安」は当然なことだろう。

新築のある号棟には二〇一一年一一月現在、二〇〇世帯に三七六人の住民が住んでおり、その中で六五歳以上の高齢住民は二〇〇人ほどである。当時のインタビューで自治会長は、前年にここでは三件の孤独死が発生したと述べた。「お互いに知らないから、臭うまでわからなかった」と、ある住民は自分が経験した孤独死を回想した。自治会長は「お一人の男性が配達物を取らなくて、隣りの人が私のところに来た。警察を呼んで入ってみたら、そうだった。冬で閉めきっていたので、臭いが全然なかった。孤独な人が多い」とつらい思い出を話した。それから一年後の二〇一二年一一月のインタビューでは、自治会長は「この棟では今年七人がいなくなった。皆一人暮らしだったが、病院で死亡した」と、「今年は孤独死がなくて本当によかった」と述べた。

別の自治会長への二〇一二年一一月のインタビューでは、過去三年間でその自治会内では四件の孤独死が発生したと語った。特に、入居してから二か月足らずの頃のある住民の孤独死に関しては、家族と連絡がとれず、区の福祉課が遺体を引き受けたと話した。ある住民へのインタビューでは、自分たちが経験した孤独死を話してくれた。「今年の春にも孤独死があった」と言って、会社に勤めていた若い人の孤独死を思い出した。また、引っ越したばかりのある日、隣りの住民がお風呂で孤独死したと語った。ある住民は、「どうもおかしくて警察の立ち会いで業者に玄関ドアを開けてもらったが不在で、調べたら周囲に知らせずに院していたケースもあった」と述べた。孤独死の可能性が疑われる場合、しかも家族に連絡がとれない時は、このように自治会長と警察の立ち会いでドアを開けることもあった。

近年、孤独死の問題はメディアでスキャンダル的な事件として扱われたりもするが、近隣の孤独死を経験した住民たちにとって、その不安感は具体的である。孤独死が公然の問題となり、郵便受けからあふれている郵便物はその兆候として疑われたりした。

最近、孤独死に皆が関心を持っているから、郵便物を取らない人がいると(住民たちから)連絡が来ます。私(自治会長)の方で、施設に入ったのか、病院に行ったのかをできるだけ調べる。次に、(管理をしている)住宅供給公社に連絡します。公社は入居する時の保証人に連絡して、何とか調べる。緊急連絡先が区から(自治会長あてに)来る。しかし、それを登録している住民だけで、入居の時に連絡先の電話番号を教えてくれない人もいるから困ります。

(二〇一五年八月、鳩山さんへのインタビュー)

一人暮らしの高齢住民たちは、孤独死の不安から鍵を他人に預けておいたり、緊急ブザーをペンダントにして身に付けたり、病院の予約時間に来ない場合は緊急電話をもらうようにしていた。また、配達員や民生委員、介護ヘルパーなどの協力で安否確認をする、北区の「おたがいさまネットワーク」のようなさまざまな取り組みが進んでいた。

「一人きり」で迎える死は、人類の歴史上、「孤独死」に限るわけではない。死にゆく者をめぐる「社会的な表現行為」を描いたアリエスは、中世における呪われた死、道端や水辺に放置された貧しい者の孤独な死をも見逃さなかった。しかし、現代の孤独死は、浮浪者などではない平凡な人が、私的空間の中で一人きりの死を迎え、誰も彼（女）の不在に気づかない、人類が経験したことのない死の様相である。人びとは「自立」した成人の「自己責任」の私的領域で、誰かが途方もなく孤立していたことに気づき当惑する。孤独死とは、「特定の領域」に閉じ込めようとした死が、異臭とともに日常を侵犯する現代的な死の「転倒」であり、「退化」であると同時に、最終的には個人主義の破産を知らせる現代的な死の「極限」といえるだろう。

「孤独死」に関する統一した定義があるわけではない。「孤立死」や「独居死」などの言葉も使用されている。特に近年、厚生労働省をはじめ行政は「孤立死」を用いる傾向にあるが、どのような状態を「孤立」と見なすのか、家族や近隣・友人などとの人的交流が乏しいという意味で使われる場合が多いものの、行政サービスなどからの支援のない状況を指すこともあり、曖昧である。福祉行政で「孤立死」の方が使われるのは、「孤独（loneliness）」という感情が、社会的「孤立（isolation）」という状態と比例しないことを明らかにした、ピーター・タウンゼント［一九七四］の研究の潮流に準拠しているからだろう。本書では、住民との会話でもよく使用され、おおよその共通認識となっている「自宅で誰にも看取られずに亡くなり、その死が数日後に発見され、自殺や犯罪性を除く遺体」という死亡の仕方を、結城康博［二〇一四：一二］に倣って「孤独死」と呼ぶことにする。

2　孤独死のアンビバレンス

「孤独死」という言葉が使われるようになったのは、必ずしも最近のことではない。一九七〇年代に新聞紙上にたびたび登場するようになり、一九七三年には全国社会福祉協議会が「孤独死ゼロ運動」を繰り広げている。しかし、七〇年代後半からはマスメディアの報道を見る限り、社会的関心は薄れたとされている［結城　二〇一四：五三―五四］。この言葉が再びクローズアップされたのは、阪神・淡路大震災後の仮設住宅で独居高齢者の死亡が相次ぎ、それを問題視する議論が一つのきっかけとなった。

一九九七年五月二日、当時、兵庫県の仮設住宅三万四六〇〇戸で約六万二〇〇〇人の被災者が居住しており、このうち一五〇件の孤独死が発生した。六〇代の男性の死亡の割合が圧倒的に多いのも特徴であった［神戸新聞　一九九七・五・二］。そこで、行政や地域市民社会の支援を強化した「地域型仮設住宅」が拡大された。仮設住宅における孤独死の問題は、日本社会の経済的「豊かさ」の中で、社会的な弱者が構造的に発生し、そして構造的に排除されている現実を暴露した。額田勲［一九九九］は、被災地の仮設住宅で相次いでいた孤独死の問題に取り組み、社会構造そのものが多くの孤立者を生み出している以上、孤独死という現象は「独居死」というべきだと述べる。社会のシステムや国の政策が、弱者を取り残す仕組みへと急激に変化している状況から、孤独死に関する自己責任論がいかに誤ったものかを批判するのだ。

二〇〇〇年代以降、経済不況による雇用不安、それによる貧困と家族崩壊、そして孤立という悪循環の中で、再び「孤独死」は社会問題として浮上してきた。それは、一九六〇年に全国の公団住宅の先駆けとして誕生した松戸市の常盤平団地での孤独死の実情に取材した、NHKスペシャル『ひとり団地の一室で』が放送された二〇〇五年九月以降のことといってよい。常盤平団地（総世帯五三〇〇戸）では、三年間に二一件の孤独死が発生し、二〇〇四年には「孤独死予防センター」が開設されたのだ。それは、全国的に大きな反響を巻き起こし、各自治体で見守り制度などの孤独死対策が始まっていく〔NHKスペシャル取材班・佐々木 二〇〇七〕。団地の孤独死の問題は、『団地と孤独死』〔中沢・淑徳大学孤独死研究会 二〇〇八〕や『団地が死んでいく』〔大山 二〇〇八〕でもとりあげられた。阪神・淡路大震災以降の「仮設住宅」の孤独死、二〇〇〇年代以降の「団地」の孤独死の問題が、個人の孤立を深める空間配置の中で浮上したことは偶然ではないだろう。

そこでとりあげられたのは、高齢化した団地と孤独死の関連に限定されたものであったが、二〇一〇年のNHKスペシャル『無縁社会 〝無縁死〟3万2千人の衝撃』は、三〇代にも起こりうる孤独死や若年層の社会的孤立の問題、さらには未婚率の急上昇を含めた人間関係「縁」の全般的崩壊を表すものであった。視聴者の多くに恐怖を植えつけるような演出過剰に対する批判もあったが、この番組は、「無縁社会」という流行語・新造語まで作り出すほど社会的に大きな反響を呼んだ。そこでは、平凡な家庭で育ち、勤めながら結婚をして子供を育てた普通の人たちが、失業や離婚によって一人暮らしの末に孤独な死に至る過程が追跡され、視聴者は孤独死に至った人びとの「平凡さ」に衝撃を受けた。

ＮＨＫの『無縁社会』ではその「平凡さ」が強調されたが、桐ヶ丘団地の住民たちは、孤独死に対する偏見を隠さなかった。住民たちは、孤独死した人は「やはり生活保護とか施設から来た人」や「若い時からブラブラしていた人」と見なしていたのだ。死ぬ瞬間は一人であったとしても、その死がすぐに家族や友人に発見され、葬儀が行われて追悼された場合は孤独死とはいわない。孤独死は、死ぬ瞬間一人である死、さらにその後、誰もが彼の不在に気づかなかった死を意味する。孤独死は、孤独な死だけでなく、死の以前からの孤独な生、そして死の後の孤独な状態までも含んでいる。住民たちは、「孤独死が最も怖い」と、自らの孤独な死を恐れながらも、一方では、孤独死をした人の死を「平凡な人」の死とは思わないのだ。むしろ、それほどの孤独な生と死は、自らの責任だと見なしていた。

しかし同時に、「孤独死が最も怖い」という発言は、自分に死が急迫した時に誰にも看取られずに、一人で死の瞬間を迎えることに対する不安を含んでいる。そこには、孤独死が誰にでも発生しうる身近な問題という認識が込められていた。ある高齢の住民は、「お風呂の時に手の届くところに緊急呼び出しをするペンダントを置いておく」と話した。孤独死は平凡でない「異常な死」でありながら、同時に普通の人がその可能性を恐れている「平凡な死」でもあるのだ。そして、孤独死は私的空間における自分の生のありようが、自己統制のできない状態でそのまま見苦しく露出される、恥ずかしい死である。異臭によって発見される孤独死は、どうしようもなく他人に迷惑をかける、最も望まれない死の姿であるのだ。人びとは自身の死後を想像する中でも、他人の存在を意識する。人の生が他人の存在を必要とするように、死とその後を想像する際にも、人は他人との関係の中に置かれているのだ。孤独死をめぐるアンビバレンスによって、孤独死は生を映す鏡となる。

3　おくりびとの不在

普通の死とは違う「不幸な死」を解釈する際に、民俗学や人類学では「異常死」という用語を用いてきた。どの社会であっても自然で当たり前のことと見なされる通常の死と、危険なものとして受けとめられる異常死がある。通常の死と異常な死は、たいてい「通過儀礼」「死の空間」「死の方法」という基準によって区分される。日本や韓国では、自分の家以外での死は「客死」とも称され、最も望ましくない死の一つと見なされてきた。その理由は、(1)自分の家ではなく、外で死んだため、そして、(2)自分の家族、親族による看護や介護を受けられなかった死であり、他人に囲まれた死であるため、(3)遺体の清めや通夜などの十分な死者儀礼が行われなかったため、さらに、(4)多くの場合、遺体が遺族に戻らなかったり、所在すら把握できなかったりするためである［波平 二〇〇四：一七六―一七七／イ・ヨンジン 2012: 137］。本書の議論の対象である孤独死は、自分の家での死という点で「客死」ではない。

しかし、臨終の瞬間に一人きりであること、死後十分な儀礼が行われずに他人に囲まれること、そして、発見が遅れれば、葬る前に腐敗が進んでしまうことから、伝統的な死の観念から見て、望ましくない死、異常死に該当する。ある意味、自分の家で死亡したからこそ、孤独死は一層異常な死となる。日本の村落社会において、普通の死とは違う「不幸な死」としての異常死に関しては、普通の死者儀礼では、生者の側の文化的秩序の回復は困難だととらえられ、特殊な葬法を行うことで、霊魂の位置を「普通の死」の状態に戻してやることが試みられた〔岩本 一九九九：二〇〇—二〇七〕。孤独死という死に至るまでの過程は、あまりにも個人的でありながらも、死後にその死体を処置する過程は、やむをえず公共が関与するものとなる。とはいえ、その死を哀悼する共同体の儀礼が行われるわけではない。そのため、その異臭から始まる不安や恐怖が団地内に密かに広がることで、孤独死はさらに忌み嫌われるものとなる。

その中で最近、自らの意志で「自分の死」のあり方を決めていこうする動きが目立っている。エンディングノートがその一つである。自分が統制できなくなる状況に備えて、終末期治療や葬儀に関する決定、身の回りの情報などを書いておくものだ。キム・ヒキョン〔2015: 198〕は、自分自身の誕生の話や子供の頃を振り返っているエンディングノートの事例から、それは高齢者の身体や死に対する社会的な実践や言説を超えて、自分の死を省察し、死を倫理の領域に回復させる実践であると議論する。ある意味、エンディングノートを書くこととは、死に至る過程、さらには死の後にまで自己決定と自己責任の範囲が拡張されることを示す。つまり、自分の死に関することを自ら決めておく行為は、

「死」を奪おうとするあらゆる力や装置に対抗する実践であると同時に、一方では自己責任の強迫がいかに死後の領域にまで及んでいるのかを示しているのだ。

死をめぐる経験が急変する中で、葬式無用論［島田 二〇一〇］も多くの関心を集めた。島田は、現在の仏教式の葬式の原型は、修行の途中で亡くなった修行者のための儀礼が起源であり、そのような者はこの世に未練があるため、その未練を晴らすために丁重な供養が求められたと述べる。しかし、多くの人が長生きし、「大往生が一般化した時代」には、思い残すことはないと考えてかまわず、しかも墓の無縁化や直葬のような葬式の簡略化が大幅に進んでおり、もはや現実的に葬式無用論に近づいていると主張する。葬式無用論への世間の関心は、家族との縁が消えた孤独な人が増え続ける社会のありさまを正確に反映する。

哀悼という行為は、残された人びとが生と分離されない死の意味を理解し、共有するための実践である［Lee 2015］。韓国の宗教学者ジョン・ジンホン［2013: 14-19］は、朝鮮戦争中に目撃した死体の記憶を想起し、それが呼び起こす恐怖は、見捨てられたその死体のように「応分の待遇を受けられない死」が自分の運命に迫ってくる恐れがあることへの恐怖であり、また、死体の霊気から離れなければならないという不安が生み出す恐怖ではないだろうかと論じる。人間の生にとって死が必然的な現象であるように、死の儀礼も避けられない生の問題であり、儀礼はその死を意味あるものとして承認する手続きであるため、その「必要性」ではなく、その「必然性」を議論すべきだというのだ。その必然性は、なぜあらゆる社会が死を記憶するための繊細な慣習や儀礼を維持してきたのかを説明してくれる。

二〇〇八年の滝田洋二郎監督の映画『おくりびと』では、納棺師となったある男の「死の儀礼」が繰り返し描写された。寿司を食べることと、死者に化粧をして納棺する行為が並列的に映される中で、生と死は別々の世界に存在するものではないことが今さらのように感じられる。また、孤独死の現場の悲惨さとともに、丁寧な儀礼の美しさとそれが持つ力が描かれ、儀礼の意味がさらに引き立つものとなる。主人公は、家族を捨てて消息不明のままであった父親の孤独な死を聞いて、不本意ながらその遺体を確認しにいく。狭い畳の部屋に、しがない遺品だけを残した父の死を無心に見つめていた息子は、下手な葬式業者を下がらせて、父親を送る儀式を行う。丁寧な儀礼の時間を通じて、父と息子との和解、そして別れが成り立つ。繰り返される儀礼の様子は、死がまともに位置づけられなければ、死を取り囲んでいる生の領域もまともに生きることができないということを語っている。

第8章　また、団地ライフ

孤独死の問題は、団地におけるプライバシーとコミュニティの議論に再び火をつけた。「団地」は、高齢化によるコミュニティの崩壊を象徴する空間であると同時に、共同の生活空間やその生活世界を基盤にして公共の絆が生み出される可能性を持つ空間でもある。孤独の問題を考えることは、超高齢社会における自立やプライバシー、他人の意味を問い直すことでもある。

1　「住み心地のいい匿名性」

桐ケ丘デイホームの浅田さんは、他の人たちが集まってゲームなどをする自由時間に一人でいすに座って何かを読んでいた。頼りになる家族が不在の中で胃癌の手術を受けたという彼女は、一見「孤独な一人暮らしの老人」の典型のように思われた。しかし、デイホームという施設から離れると、彼女の生活は、はるかに多様な姿で表現されていた。彼女の趣味は国内の島々を旅行することであった。デイホームで一人で見ていた冊子は、旅行ガイドやパッケージ旅行の案内だったのだ。自分は独唱が嫌いだと言いながら、以前から合唱会に定期的に参加してきたと述べた。池袋のサンシャインシティで行われる合唱会の忘年会を楽しみにする様子が印象的であった。

二〇一三年秋に、浅田さんは旅行会社から八〇歳を過ぎてからは保護者の同伴なしには困ると言われて旅行を断念し、非常に失望したと漏らした。ちょうど筆者にも、歩くのが遅く、食事にも注意するべきものが多くて迷惑をかけるので、島々の旅行を続けられるかわからないと言っていたところであった。筆者と一緒に巣鴨の縁日に買い物に行ったある日、浅田さんは、いつか自分が再入院することに備えて、パジャマを二着買った。

二〇一五年の夏に、二年ぶりの再会のために電話をすると、浅田さんは「痩せすぎて、私を見ると朴さん驚くよ」と話した。癌がリンパに転移し、手術をうけたのだ。彼女は、「朴さんはこんなに背が高かったのか。ああ、そうじゃなくて、私が小さくなったのよね」と楽しそうに冗談を言った。彼女は、手術後健康が悪くなることを考え、介護申請をしてから入院した。そして、退院してから要支援の対象となり、送迎バスに乗ってデイサービスの施設に通うことになった。彼女は、もう一〇年以上のコミュニティであるデイホームに行かれなくなったことを残念に思っていた。

二〇一七年にまた二年ぶりに浅田さんに再会した。彼女は今回も「朴さんはこんなに背が高かったのか。ああ、そうじゃなくて、私が小さくなったのよね」と同じ冗談を言った。杖に頼って歩くようになったが、リンパの癌は落ち着いたと話した。布団を干すのが無理になって、月一回は乾燥サービスを受けるようになり、「生活を維持するために費用がかかる」と言った。

浅田さんは、多くの人びとが助けてくれて、今まで生きてきたと話した。入院した時、彼女は医者や看護師に助けてもらって、家族がいなくても入院生活が送れた。今はペンダントをかけていて、これを押すと緊急支援センターと通話ができるし、安否確認の電話もしてくれるので、なんとか安心していると話した。彼女は、誰かが「大丈夫ですか」と聞いてくれたり、自分の行く道でもないのに病院まで同行してくれたり、駅の改札口まで案内してくれたりすると言った。それで感謝の気持ちを伝えたくて、小さな縫いぐるみを作って常にカバンに入れてあると話した。また、同じ号棟の川村さんについても、彼女の存在が頼りになると話した。浅田さんの日常は、他人との支えあいの中で、自立と依存の間を往復しながら繰り広げられている堅固な「自立」の現場のように見えた〔朴 2018b: 41-47〕。

高橋絵里香〔二〇一三〕は、フィンランドにおける在宅介護に関するフィールドワークの経験から「互恵としての福祉」の意味を考察する。そして、自立と依存は明確に分離することのできる概念ではなく、錯綜する二者の間で揺れ動く過程こそがエイジングの経験であると論じる。「自立している」という概念は、自己のあり方を示す抽象的な概念ではなく、他者との人間関係の中でこそ意味を持つ概念であり、相手との関係の中で意味づけられる状態なのだ〔Varenne 1977 / Bellah et al. 1985 ／藤田 二〇〇三：一七二〕。

筆者が集団インタビューを行ったある自治会の住民たちは、自分たちのところは「風通しがいい」と言いながら、遠くもなければ近すぎでもない、困った時に手が届くような近隣づきあいを求めていた。「住み心地のいい匿名性」〔岩本 二〇一三：一五〕を維持しながら、万が一の時には手助けになれる付き合い方を模索するという課題に取り組んでいたのだ。

ご近所付き合いは個人差がある個人の問題ですが、ある程度の基準がある。何もないのにやって来て、家に入り込んでなんだかんだと言われるのはいや。個人的な付き合いが深くなっても、ある程度の距離は保っている必要がある。その感覚を持って付き合いをするべきで、付き合いがうっとうしくなると、逆に避けちゃう。そこが難しいので、あんまりお互いに深くしない。いいことばかりではないから。普段はいいんだけど、なんか悪いことが漏れるのがいやだから、特に団地はそうかも。気まずくなるのはいやだから。

（二〇一五年八月、ある自治会の住民たちへのインタビュー）

引っ越してきて、挨拶代わりのように、自治会の活動に参加することができない事情を言われることや、「これ以上高齢化すると、自治会は維持できない」という発言から、今後の団地暮らしはまた新たな局面を迎えることが予想される。桐ヶ丘団地の住民たちは「数日間誰とも話せなかった」「一日中、話し相手がいなくて寂しい」と語りながらも、「エレベーターで挨拶もしない」とも話す。二〇一五年八月のインタビューで、ある住民は「挨拶しても返事をしない人が結構多い。お互いに馴染もうとしない。五、六回挨拶すると、やっと返事してくれる。付き合いが苦手な人が多い。特に一人暮らしの男の人にその傾向が強い」と語った。それは、現代の集合住宅に共通する「無関心」の態度であり、「関わることのない状態」を維持することで、煩わしさのない自分の私的領域を守ろうとする意志の表現でもある。

しかし一方では、孤独がもたらした団地のさまざまな出来事を通じて、住民たちは、「最後は自分で始末できないものだ」と、他人の存在に新たな意味を与えていた。

一か月前に、桐ヶ丘団地の中でご夫婦が亡くなったの。旦那さんが病気で、奥さんが介護していたが、奥さんが亡くなってしまい、旦那さんも亡くなった事件があった。私たちの号棟では、お隣りさんが救急車を呼んでくれて、病院に運ばれて、無事に帰ってきた。まずは自分で、次に助けてもらうのはご近所。隣り付き合いは大事なことです。何かある時お世話になるから。最後は自分で始末できないものですね。

（二〇一五年八月、小庭さんへのインタビュー）

二〇一七年の夏には、住民たちから、夫婦が死亡した状態で発見された話を聞いた。また、介護ヘルパーがベルを押しても答えがなくて確認したら、居住者が死亡していたともいう。誰かが倒れてから発見され、病院に運ばれたこともあった。日常的に誰かと交流していても、緊急時に一人でいるのはありうることである。

団地の住民たちの孤独死への認識や、その口述方法も変わっている。二〇〇八年に筆者が調査を始めた時、住民は孤独死の現場の異臭を思い出して強い嫌悪感を表した。二〇一七年の調査でも、孤独死は「事件」として語られたが、「臭い」に関する言及はなかった。これは孤独死対策が展開されることで、一人で死を迎えたとしても早いうちに発見されることと関連しているよう考えられる。誰にも看取られずに死亡することと、その後も放置されることとは、大きく異なる死の様相である。早いうちに発見されることで、孤独死は大騒ぎになる異常死ではなく、隣人におとずれた寂しい「孤独な死」となるのだ。

「最後は自分で始末できないものだ」という住民の発言は、孤独死という共通の課題の前で高度経済成長時代における「自立の神話」「自己完結の幻想」を考えるきっかけとなる。その時、「孤独死」という死の経験はアトム化の終着点であると同時に、その「死」を鏡にして「生」を振り返る転換点となるだろう。

2 生の領域

建替え直前の一九九七年まで、桐ヶ丘団地と、近くにある赤羽西五丁目団地には「都営居住者名簿」が存在した。そこには団地全世帯の住所や電話番号がのっていた。名簿が製作され、配布されたということは今日の考え方からすると逆にめずらしいように思われるが、古い住民たちは「昔は名簿があってすごく便利だった」と語る。しかし、個人情報保護の問題で名簿の製作は中止される。最近、個人情報は、公共機関や民間企業から流出したり、「市民の安全のため」という名目で自分が意識しないうちに防犯カメラに写されたりしており、個人が自分の個人情報を統制することが事実上不可能となっている。このような状況で、桐ヶ丘団地の自治会の役員たちは、個人情報保護のために「何かあった時の連絡先がわからず困る」と嘆息し、個人情報を独占する行政当局に対して、一種の疎外感を表した。

個人情報を全部隠す。電話番号を聞いても、個人情報だから教えませんと言われる。だから、家族関係などが全然わからない。引っ越しても挨拶しないから。新聞を取らなくて入院したのかなと思った。カーテンをかけているから全然わからない。どうしようもない。どうやって連絡とるかわからない。臭う臭うと大騒ぎだった。死亡したのか（警察に）聞いても教えてくれなかった。古いところはそうじゃないけど、新しい人はポストに名前も書いていないから、わからない。救急車が道に迷っていて、どこを探していますかと聞いても言わない。入院して、生きているのか、死んでしまったのか、それがわからない。ヘルパーさんも言わない。でも皆気になるし、心配する。すべてが個人情報。個人情報の現実です。（二〇一〇年七月、自治会役員たちへのインタビュー）

孤独死の問題は、自治会連合会の会議でも重要な案件であった。そして、自治会の役員たちは、「個人情報」の問題で自治会は何かが起きた時には無力であることを訴えた。新しい住民が引っ越してきた時、自治会長には、都から入居者の名前と住所、引っ越し日が書いてある通知書が届く。しかし、緊急連絡先などの個人情報は全く書いていないため、近所の人たちが「怪しいから見てくれ」と会長に頼んでも、「どんな人があの部屋に住んでいるかわからず、いるか、いないかもわからない」場合があり、公共機関に連絡する以外には方法がないと残念がる様子で語った。ある民生委員は、以前は何かあった時のために民生委員か近所の人に鍵を預けておいたりする場合もあったが、最近はそういうふうにはしないと語った。

やまぶき荘の老人相談課の職員は、どうやって生きてきたかわからないような状態の老人の自宅へ、周りからの通報で訪問するケースもあるが、「救急車を呼ぶな。周りに知らせたくないから。救急車はいや」と言われて困ったと述べる。「救急車を呼ぶな」という態度は、プライバシーの問題がいかに「自立の神話」と緊密なものであるか、そして、自立の神話とはいかに虚構的なものであるかを示している。

体育館などの空間でプライバシーのない生活を余儀なくされる被災者のために、建築家の伴茂が考案した簡易的な間仕切りから見て取れるように、プライバシーの空間は、人間的な尊厳を実現させる空間である[39]。しかし、死に至る孤独の問題に直面して、他者からの干渉を排除するものと見なされてきたプライバシーの意味を問い直すことが要請される。

日常生活の中で、プライバシーの領域とは親密な私的世界として経験される。プライバシーとは、親密な領域を自らがコントロールしうる状態がその前提となる。他者との親密な関係とは、人間が存在し、生を営むため必須であり、そのため親密な領域としての私的領域は生の領域となる。それならば、プライバシーを守ることは生の領域を守ることであり、また生の領域の形成を抑圧する社会的圧力に対抗することになる〔Schoeman 1992: 157／片桐 一九九六：六九〕。こうした議論によって、他者に対して許容的・開示的な領域としての生の領域を構成し、また再構成する自律な能力としてのプライバシーの意味が鮮やかになる。マイホームを超えるつながり、家の境界を超える絆は、マイホームを超える生の領域となるのだ。

3 他人の意味

第4章では「桐ヶ丘デイホーム」が委託で運営される施設として持つ限界を議論した。しかし一方では、桐ヶ丘デイホームという空間は、地域コミュニティの中心として今も存在している。土曜日のデイホームは「利用資格」を問わず、地域住民に開かれた空間となる。サロンでは一緒に絵を描いたり映画を見たり、近所の病院で広報を兼ねた健康講座を開いたり、地域のバザーやお祭りが開かれたりした。二〇一五年八月にはデイホームの初期に食事を作った「さくら会」のリーダーと土曜日のサロンで出会った。彼女は、デイホームが移転してからできた新築の広いキッチンは、お弁当のみそ汁を温めたり、お皿やコップを洗ったりするくらいしか使わないので、「もったいない」と話した。それで彼女は土曜日のデイホームの時に、三人メンバーで簡単な食事を作っていた。「そのまま帰るのは寂しいので」、食費をもらって次の食材を購入し、次の週末の食事会が運営されているのだ。このように、週末のデイホームは、国と第三セクター、地域住民とボランティア、民間企業が関与する共同の空間として変貌する。

二〇一六年に桐ヶ丘団地内の商店街の中に、社会福祉法人「ドリームヴィ」「北社協」、そして「桐ヶ丘やまぶき荘」の共同プロジェクトとして、「長屋」「あかしや」という二つの店ができた。ここは閉店していた店舗を改装したもので、地域住民たちが利用するレストランやカフェであると同時に、懇談会を開いて「地域を話す」場所ともなっている。まさに地域に根を下ろして、非営利で公益を目指す第三セクターであるからこそ可能な空間が開かれたのだ。

筆者は、桐ヶ丘デイホームの調査の過程で、「ホホエミ会」の存在に注目した。ホホエミ会は桐ヶ丘団地に古くから住んできた住民たちから始まったサークルである。スタッフたちは、「赤羽郷時代から親が薬屋をやっていた」とか、「結婚して若い時から住んできた」などといった自分の「団地歴」を紹介した。

「若くても七〇歳を過ぎた」とスタッフを紹介する会長は、仕事を退職してから近所の友人たちとホホエミ会を立ち上げることになったと語った。北社協の勉強会がきっかけとなって、「友達を誘ったり、公園のおばあさんに声をかけたりして」、二〇〇七年に地域に開かれたサークルとして結成される。現在は、四〇人ほどのメンバーが毎月二回集まる。二〇一四年七月のホホエミ会の脳トレ会では、一緒に体操をしたり、声を出して小説を読んだり、歌を歌ったり、簡単な数計算をしたりする活動をした。筆者のそばには八九歳の高齢女性が座っていた。彼女は一九六二年からこの近所に住んでいると自己紹介をした。一人暮らしだから、一日中話し相手がなく、ここで「声を出すだけでも嬉しい」と話しながら、「こんなことが楽しいものだとは普通は思いませんけど、私のように誰とも話さない生活をしてみるとわかる」と語った。

ホホエミ会のスタッフとして活動する住民たちは、北社協の会員でもありながら、北社協のボランティアとして活動している。二〇一七年八月に会ったスタッフたちは、今後一緒に絵本を読んでみるのはどうかと本を選んだりした。シルバーパスで行ける場所でピクニックをすることもあり、いつも

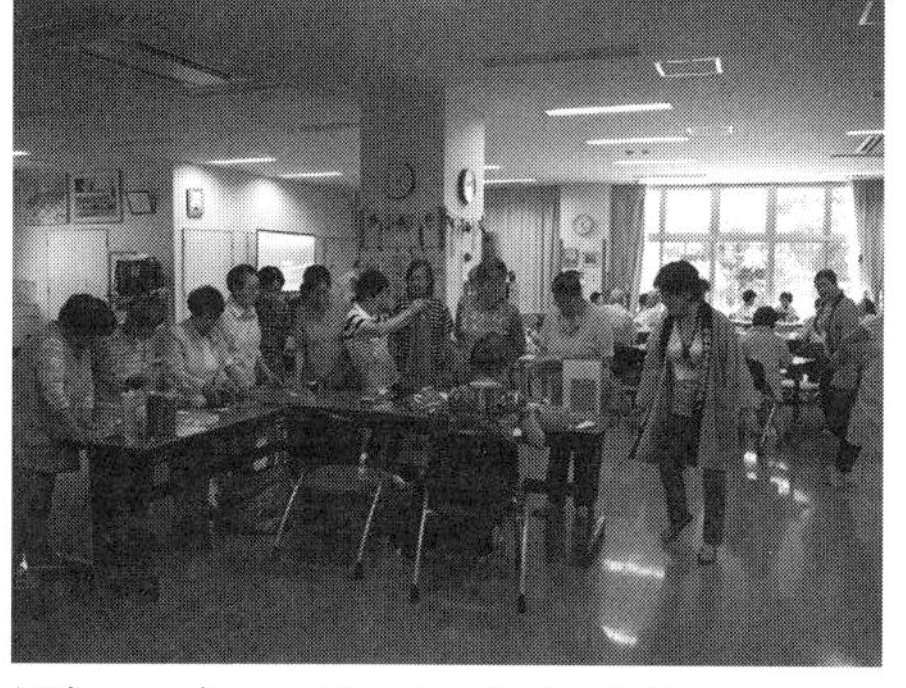

写真 8-1　桐ヶ丘デイホームでの週末サロン。バザーで買い物をしている様子（2015 年 8 月撮影）

写真 8-2 「あかしや」と「長屋」のオープン 1 周年記念の流しそうめん（2017 年 7 月撮影）

似たようなところに行くが、一緒に出かけることでみんな喜ぶと話した。地域サークルを続ける理由は「これからもずっと友達で過ごしたいから」だと言う〔朴 2018a: 93-94〕。

福祉社会のスローガンとして強調される「地域」とは、そもそも住民が交流をしたり、くつろいだりする桐ヶ丘デイホームのような空間を、いかに「自立支援」「介護予防」という社会的課題に貢献する空間として再編するか、ホホエミ会を誕生させた地域の親密性を、第三セクターを媒介として、いかにより効率的な組織に再構成するかという関心であるだろう。近隣の親密感をより積極的な地域活動につなげるために、直接的・間接的な行政の力が発揮されるのだ。それに対して、地域社会が「福祉社会」の実現という国家的課題に動員されているのだという批判もありうる。だが、その過程には、地域のみにできることとして「地域」の問題に向き合う住民たちの意志、そして日常を支え合うつながりを作ろうとする自らの要望も込められている。

齋藤〔2009: 106〕は、「親密圏」とは具体的な他者の生／生命への配慮や関心によって形成され、維持される間人格的で人称的な関係の領域であると定義する。最近、「親密」は日常的な用法だけではなく、学術的かつ分析的な概念としての「親密性（intimacy）」、あるいは「親密圏（intimate sphere）」という概念語として議論されている。「親密性」が新たに注目されるのは、この新しい概念語で説明しなければならない新たな社会関係が増えているためである〔チ・ウンスク 2016／イ・サンボン 2016〕。親密性の領域を家族に限定すると、親密圏が担っていた多くの機能は、人間の生活の中から消えてしまうからである。

ホホエミ会のスタッフたちは、「相変わらず」という表現で、彼女たちの活動を紹介し、一人暮らし、入院と退院、介護の問題など、自分たちの生活とも切り離せない共通の問題を地域で話し合おうとしていた。国の政策と第三セクター、地域コミュニティが「地域再生」を目指して交差している団地の中で、彼女たちはコミュニティのリーダーとして柔軟に存在し、開かれた自由な領域を構築していた。一〇年間「相変わらず」共有してきた生活のリズムから生み出されるケアの絆は、国家の限界、家族の限界、市場の限界、それに加え第三セクターの限界を超えて「他人」を発見する可能性を開く。

写真 8-3　ホホエミ会の活動（2014 年 7 月撮影）

多様性が増加しつつある現代社会において、「人格」や「尊厳」はすべての人の心に訴えられる唯一のものであり、共同に追求できる唯一の目的となっている。そこから、「人間性＝人であること」が「聖なるもの」であるとの議論にたどり着く［Durkheim 1960: 381, 425／大岡 二〇〇四：六六］。それは功利主義的思考への反論であり、生の唯一性に関する認識である。人間性を持つ限り「聖なるもの」であると見なしうるという考えは、他人に対する新たな感覚を呼び起こす。天童荒太［二〇〇八］の小説『悼む人』は、他人の死を「悼ませていただく」旅を続ける悼む人の物語である。妻を亡くしたある男は、もし悼む人が妻を記憶してくれれば、記憶する彼が他人であるために妻はもっと永遠な存在になれると悼む人に感謝する。見知らぬ他人の死を丁寧に悼む瞬間、無意味さに満ちた世界は救われる。

おわりに

一九九七年に東京で開かれた国際シンポジウム「世界の中のル・コルビュジエ——ル・コルビュジエと日本」の発表を収録した報告書には、日本建築におけるル・コルビュジエの影響が触れられている。その中で、建築学者・槇文彦［一九九九：一九—二八］は、一九五〇年代から六〇年代にかけての日本においてル・コルビュジエが与えた影響は、特に「アーバニズム」と「ユートピア」思想であったと述べる。ル・コルビュジエのユートピアは、テクノ・ユートピアというべきであり、これはモダニズムの思想が具現化される都市像であった。団地とは、緑地の中の高層住宅からなるユートピアの空間計画であって、「憧れの団地」とはそのユートピア的な住まいへの期待が込められたものでもあっただろう。しかし、ユートピアは、団地入居の競争率が物語るように、資本に包摂され、商品化されやすい空間でもあった。「団地族」や「団地ライフ」が「消費する家族」につながってしまったことは偶然ではないだろう。

「団地サイズ」の2DKが「日本の復興に役立つ労働者家族」の空間であったなら、1DKはその家族時代が終わってから残された「個人」を容れる住まいである。一人暮らしに「あまりにもピッタリする」1DKは、「家は住むための機械」というル・コルビュジエの主張を改めて浮かびあがらせる。機能的合理性や低コストを最優先の課題とする建替えの新自由主義的な方向の中で、「マイホーム」という存在様式がさらに強化され、桐ヶ丘団地は1DKにふさわしい「個」の世界となっており、孤独が日常化した空間となりつつある。「団地」は、わずか半世紀余りの時間を経て超高齢社会における孤独死の問題に直面している。大規模な集合住宅の老朽化、住民の高齢化、そして日常的な孤独の問題は、戦後の経済成長期に建設された大規模な団地が迎える共通の運命であるかもしれない。

筆者は本書のテーマに関して、「なぜ孤独死が悪いのか」という質問を受けたりした。おおむねそれは、「誰でも死ぬし、死んだらどうせ終わりではないか」という意味が込められている。それは、「死」とは無関係なもののように営まれる「日常の生活」の中では、反駁しにくい質問でもあった。しかし、「孤独死が一番怖い」という高齢住民の発言に照らすと、「なぜ孤独死が悪いのか」という態度こそ、「死」がいかに生の領域から追い出されているのかを示していることに改めて気づかされた。現代社会における死の隠蔽は、生の隠蔽にほかならない。生の有限性を隠蔽することで、生に対する無関心な態度を生むのだ。

「なぜ孤独死が悪いのか」という質問は、「人間の尊厳」がいかに抽象的なものとして語られているのかを表す。にもかかわらず、尊厳を失うことへの恐れは、日常的に経験される。高齢の住民は「ボケないように」という言葉を冗談まじりの口癖のように言っていた。自らの統制力を失うことは、最も恐ろしい老化現象であるのだ。尊厳の問題は他人との関わりの中でさらに重くなる。

ハンナ・アーレント［1996: 112-114］は、他人との関係から保障される現実性の剝奪が「孤独」という大衆的現象を招いたと語る。その「孤独」とは、人間に必要不可欠なものを奪われ、人間の本性を実現する機会が剝奪されたものである。アーレントは、他者からの応答の可能性を喪失した完全な私的生活とは、他人に見られ、聞かれる、他者との客観的関係の剝奪、生活そのものより永続的なものを達成するための可能性が剝奪された状態であると語る。その「剝奪」は他人の不在に起因する。齋藤［2009:39］は、自らの公共圏を作り出すための最低限の資源、つまり他者の存在が欠けており、公共的空間の排斥の力を内面化している「場所なき者たち」として都市の高齢者の存在を挙げる。「ポストに名前さえ出さない閉鎖的な人」や「挨拶しても返事をしない人」は、まさに他者からの応答の可能性を喪失した「場所なき者たち」の典型でもある。

入居階層を絞って、最も適切な入居者を入れる公営住宅制度の方針には、自立可能性によって介護予防施設から介護施設へと移らせる介護保険システムと同様の、不具合な合理性が感じられる。「自立できない」存在であるため、施設の移動は我慢しなければならない状況であることと同様に、1DKという空間は、福祉の受益者であるため甘受しなければならない社会的制裁のようでもある。デイホームの利用者たちが口癖のように「ボケないように」とわざと自分たちの脆弱性を表すことで自尊心を守ろうとすることと同様に、桐ヶ丘団地の高齢者は、「建替えが終わる頃には、私はこの世にいない」と自ら置かれている受動的な立場を冗談としてもみ消す。「税金でやっているから仕方ない」という住民たちの言葉は、福祉制度は「成熟」したにもかかわらず、いわゆる「自立できない者」に課されるスティグマ（社会的烙印）がさらに重くなっていることを示す。人間は平等であると宣言し、人間の尊厳を主張しながら、構造の次元では人びとから自分の尊厳を守る手段を奪っていることこそが新自由主義の矛盾である［キム・ヒョンキョン 2015］。団地暮らしに関する記述は、近代建築のユートピアへの夢と、その挫折の記録であると同時に、戦後における国家的公共性の限界を表すものである。

二〇一四年一一月頃、建替えられたある新築号棟の前に、この季節には珍しく花が植えられていた。自身が植えたものを小石で囲んだ小さな「庭」であった。そこで偶然、水まきに出る霧山さんに出会うようになった。彼女は近隣の友人たちも呼んで気軽に筆者を自宅へ招待してくれた。霧山さんは、中国からの引揚げで東京に来て、「運が良くて」この都営団地に定着したと自分のライフヒストリーを語ってくれた。建替えで彼女は夫と一緒に新築の２ＤＫに引っ越したが、しばらくして夫は癌で死亡し、その後は母親を連れてきて自宅で介護した。そのうち母親も死亡し、今は一人で住んでいるという。

霧山さんとよく団地内を散歩するという近所の女性は、赤羽郷時代からこの地域に住んできたと自己紹介をした。彼女たちはもう一人の友人を呼んで詳細に近隣の状況を話してくれた。豊かな近隣関係を持つことや自宅へ気軽に隣人を招待することは、「好きだから勝手に」空き地に花を植えることと無関係なものではないと思われた。「マイホーム」の境界を超えて「庭」を育てる行為は、「内」と「外」の新たな関係の場を開いていくことであり、親密な領域を公的空間へと拡張させ、空間を自分のものにする試みである。また、自然の躍動感の前で、他人への慣習的な境界は一瞬消えてしまう。

それは、現在の空間配置の重力場から自由な空間、フーコー［2014］の「ヘテロトピア」の概念とつながる。

ヘテロトピアとは、支配権力が完全なものではないということを表す試みや想像力が、空間を媒体として現れる多様な実践を意味する。ヘテロトピアは、すべての場所の中に実在する空間でありながら、それらとは絶対的に異なった「反空間（contre-espaces）」である。それゆえに、他のすべての場所を無化し、中性化するような「他なる場所」であり、もっと積極的に解釈すれば「対抗空間」ともいえる。

花を植え、石で自分の小さな「庭」を囲んでおくこと、団地のノラ猫が家に入り込めるようにベランダにハシゴをかけておくことは、この空間で見つけ出せる日常的な瞬間、ヘテロトピア的場面の出現である。それは規範化された空間的実践から脱するきっかけとなり、社会的排除をそそのかす空間的支配に対する抵抗と転覆の糸口となる。それは疎外されない生の可能性を主張する積極的な行為であり、その中で掬い上げられる絆からこそ「生きられた空間」は生まれる。人はなぜ長い孤独を堪えなければならないのだろうか。

注

序章

（1）「プルーイット・アイゴー（Pruitt-Igoe）」は、アメリカのセントルイスにあった公営の住宅団地である。一九五一年にスラムを取り壊し、建築家ミノル・ヤマサキが設計して、一九五六年に完成した。プルーイット・アイゴーは、二七ヘクタールの敷地に二八七〇世帯が居住し、一一階建ての三三棟が建ち並ぶ、現代的設備を備えた快適な空間として出発した。しかし、団地そのものが犯罪や破壊の温床となるなど、環境が著しく悪化し、一九七二年に爆破解体される。

（2）一九五二年四月に、東京都は「赤羽郷」（後述）の都市開発計画を発表し、「グリーンハイツ都営住宅」建設計画を策定した。そして、一九五四年一〇月、この計画を「桐ヶ丘文化住宅」建設計画に変更し、団地建設が本格化される。

（3）ハンブルク大学民俗学研究所の二〇〇九年マギスター卒業作品として制作された、マイケ・ミュラーの映像人類学作品。第二次世界大戦後に建てられたドイツ最初の高層集合住宅「グリンデル」の暮らしを、住民たちとのインタビューを通じて描いている。グリンデルはドイツ最初の集合住宅であり、当初イギリス占領軍関係者の宿舎として計画され、その後市民住宅に変更される。映像の中で住民たちはグリンデルに文化財的価値を見出す中で、「昔」と現在の暮らしや地域コミュニティなど、この場所が持つ主観的意味を語る［Maike Möller 2013］。高齢化やコミュニティの衰退に関するドイツ住民たちの話は、歴史的・社会的背景の差があるにもかかわらず、桐ヶ丘団地住民たちの物語とかなり似ていた。

（4）桐ヶ丘団地では現在「桐ヶ丘団地再生計画」が進行中であり、一九九六年から建物の老朽化による建替えや改善工事が行われている。建替えの過程に関しては第5章で詳述する。

（5）一九五五年に設立された日本住宅公団は、一九八一年に住宅・都市整備公団に、一九九九年には都市基盤整備公団となり、二〇〇四年には独立行政法人都市再生機構（UR都市機構）となる。桐ヶ丘団地の住民たちは今でも「公団」という言葉で赤羽台団地を呼ぶため、本書では「都営桐ヶ丘団地」とともに、「公団赤羽台団地」と称することにする。ちなみに、赤羽台団地も桐ヶ丘団地に匹敵するほどの大規模なものだが、やはり老朽化のため現在建替えが進行中である。完成した建物は「ヌーヴェル赤羽台」という名称となっている。

（6）一八八五年に国鉄赤羽駅が開設され、東北本線などの各路線が交差する交通の拠点となる。そして、一八九一年から一九一九年にかけて、陸軍被服本廠が赤羽台に移転され、陸軍被服廠の全機能が集約され、軍服の縫製・軍靴の製造の拠点となった。北区域は、そのほかにも「軍都」と称されるほど数多くの軍事施設が集中しており、特に赤羽地域には一八七二年に建設された陸軍の火薬庫をはじめとして、近衛師団や第一師団の工兵大隊が置かれた。現在の桐ヶ丘団地はこの工兵隊用地と火薬庫の跡地であり、赤羽台団地は被服本廠の跡地である［都市基盤整備公団二〇〇四］。

（7）北区の住宅事情の特徴を見ると、北区、東京都、都市再生機構、住宅供給公社が管理主体となっている北区内の公的賃貸住宅は、二〇〇八年現在、一五三団地に二万九一四八戸あり、総世帯数に対する公的賃貸住宅供給の割合が一七・四％である。これは、二三区平均の七・七％よりはるかに高く、江東区の二一・一％に次いで二三区で二番目となっている［北区まちづくり部住宅課二〇〇九：一六］。また、北区における二〇一三年の高齢者人口比率は二五・五％であり、東京二三区の中で高齢化率が最も高い［北区政策経営部企画課二〇一三］。その傾向は二〇一八年現在でも続いている。

（8）第4章で詳細に説明するが、「桐ヶ丘やまぶき荘」は桐ヶ丘団地内に位置する北区立高齢者福祉サービスセンターである。

（9）家計を主に支える者の年齢階級別持ち家世帯率を見ると、「二五〜二九歳」の一一・六％から、「三〇〜三四歳」で二八・九％、「三五〜三九歳」で四六・一％と大きく上昇し、「四〇〜四四歳」で五六・〇％と五割を超え、六五歳以上の各年齢階級では約八割となっている。また、二〇〇八年の調査と比べると四〇歳代から六〇歳代では割合が低下しているが、七〇歳以上では上昇している。「持ち家世帯率」とは、持ち家に居住する主世帯の世帯全体に占める割合を意味する。

（10）岩本［二〇〇七：二二五―二二六］は、一九二〇年代からの日韓における親子心中や家族内殺人の記事から、日本の記事にだけ垣間見えてくる、最大の隠れたメッセージは、「他人に迷惑をかけてはならない」という社会規範の存在であると分析する。迷惑とは、本来は「迷い戸惑う」という意味であるが、第一次世界大戦以後、内務省の民力涵養運動を通じて、他人に迷惑をかけないことは日本では一種の自己責任として、最も厳守すべき社会規範に高められていった。また、迷惑をかけてもいい範囲、いわゆる「甘え」が許されるのは、同居の家族内に限定され、以前は依存していた近親や本家なども、他人と同様な関係に変質し、家族と親族の間に明確な区分意識が築かれていく。これは、根源的にはイエの一系性という原理に基づいているが、親族にさえ依存することを避ける感情を生み出す構造は、それを日本の伝統、美風だとして、責任を家族内部に押し込めていった政策や法律など、政治的な動きも促進原因の一つになっている。

（11）「デイビッドのタワー」という意味の「トーレ・デイビッド（Torre David）」は、ベネズエラの首都カラカスの中心部に位置する四五階建ての超高層ビルである。一九九四年の金融危機で、工程が九〇％進んだ状態で建設が中断され、トーレ・デイビッドは政府所有となった。未完成のままのこのビルは、「死んだ巨人」と呼ばれることになる。二〇〇七年九月一七日、「トーレ・デイビッド、死んだ巨人を占有しましょう」として始まった「無断占有」は、今日トーレ・デイビッドを世界で最も高い無許可居住地に変貌させた。「都市の凶物」「犯罪の温床」という汚名を付けられながらも、トーレ・デイビッドは現在七五〇以上の世帯、三〇〇〇名の住民が住むコミュニティとなった。プルーイット・アイゴーの爆破と対照的に、経済的弱者の連帯は、エレベーターも動かない超高層ビルを彼（女）らのシェルターに変化させた。

(12)二〇一〇年一月三一日に放送されたNHKスペシャル『無縁社会 〝無縁死〟3万2千人の衝撃』は、「孤独死」や誰も引き取り手のない「無縁死」が頻発する現代日本の社会状況を告発した。〝3万2千人〟という数値とともに「無縁社会」という言葉は、まさに大きな「衝撃」を社会に与えた。NHKはこのドキュメンタリーを起点として、後続番組を多数制作し、その一連のキャンペーンによって、この言葉は二〇一〇年度の流行語大賞にもノミネートされ、同年の第五八回菊池寛賞を受賞するなど、広く人口に膾炙した。しかしその後、そのネーミングや過剰演出に対する批判もあり、現在ではほとんど使用されることのない用語となっている。孤独死や類似語彙に関しては、第7章で検討するが、「孤立社会」など類義語も現れてきているものの、単身世帯が増え、人と人との関係が希薄となりつつある現代社会の、血縁・地縁・社縁といった既存の「縁」が弱体化した「全体状況」の一面を指し示す言葉として、本書ではひとまず「無縁社会」を使用する。

第1章

(13)公営住宅については第2章で詳論するが、一九五一年七月から、住宅に困窮する低所得者へ低廉な家賃で賃貸することを目的として、公営住宅法が施行された。

(14)日本住宅公団ができたのは、都心での住宅用地の取得がむずかしかったからである。首都圏の場合、千葉や埼玉、神奈川には土地があるが、そこに東京都が都営住宅を建設することはできず、東京で働く労働者の住宅を首都圏につくるということが公団設立の目的であった。公営住宅は国税、地方税を財政基盤とするため、財源上の制約もあった。公団団地は、東京で働く人びとを首都圏に居住させるため国が介入する手段であった［大本 一九九一：三四八―三四九］。

第2章

(15) 厚生省法案は、第一条で「この法律は、住宅に困窮している国民に、生活の困難なために、一般の方法により住宅を得るみちのない者に対して、その支払い能力に応じた低家賃により、健全で文化的な最低限度の生活水準を維持するに足る住宅を供給し、合わせて生活の維持向上のために指導を行い、社会の福祉を増進することを目的とする」としており、応能主義の家賃とともに、社会福祉という方向性を含んでいた。

(16) 厚生省の要求で生活困窮者に対応するため、第一種・第二種の二種類の住宅が建てられた（第二種は一九九六年になくなる）。第一種は一定基準の収入（入居者の平均収入から扶養家族一人につき一〇〇〇円を排除したもの）が、家賃の六倍以上一五倍（その額が二万円を越えると二万円以下）である者、第二種は第一種の家賃を支払うことができない低所得者（平均月収が一万円以下とされた）に対して賃貸するものとされ、当時実際に入居したのは、一種では収入が三万から一万円、二種では一万円以下の者であった［本間 二〇〇四：一三六］。

(17) 一種は一戸あたり一〇坪で、二種は八坪という差があった。国の補助金も第一種は建設費二分の一であるのに対し、第二種に対しては三分の二となったが、国または都道府県の補助金は最初から回収を予定しないとしており、それだけ家賃を低く抑えられた。

(18) それとともに、一九七三年以後、公営・公団による公共住宅の比重は相対的に縮小される一方、景気浮揚策として住宅金融公庫による持ち家への融資が拡大される。第三期住宅建設五ヵ年計画（一九七六～一九八〇）の達成率を見ると、公営住宅の七四％、公団住宅の五三％と公的住宅建設が沈滞する中で、住宅金融公庫の持ち家のみが一三四％に達する。融資条件の緩和などの措置で持ち家建設は毎年計画を超過達成していた。

(19)一九八二年の中曽根内閣以後、景気対策として住宅金融公庫の融資枠が拡大され、バブル期以後も融資は拡大し、住宅ローンの返済期間が延長されるなどした。これにより、融資を受けなければ損だという状況さえ生まれる。一九九七年度までの公営住宅の建設・供給数は二一九万戸、公団賃貸住宅は八六万戸、分譲住宅は三〇万戸であった一方、国庫融資による持ち家住宅は一九五一万戸となっていた[大本 一九九一:八五九―八六一]。

(20)対象階層は原則として全所得階層の下から二五%まで(政令月収二〇万円まで)となり、他に裁量階層は四〇%まで(政令月収二六万八〇〇〇円まで)とし、高額所得者については明け渡しが請求され、応じない時は近傍同種の民間住宅家賃並みの家賃を徴収できることになった。すでに入居している人の場合は、家族合算収入で年収七九〇万円を超えると高額所得者として認定される。

(21)従来の家賃策定方式を見ると、法制定当初は工事費(国または都道府県の補助を除く)を一定期間(木造二〇年、簡易耐火平屋三五年、簡易耐火二階四五年、耐火七〇年)、利率六%で毎年元利を均等に償却するものとして算出した償却額に、修繕費、管理事務費、損害保険費および地代相当額を加えたものの月割額を限度としたものであった。これに対し改正後の家賃策定の方式は、入居者の申告に基づき、近傍の同種の住宅の家賃以下で、入居者の収入、住宅の立地条件、規模などの住宅の便益に応じて事業主体が決定することになった。

(22)小泉内閣による構造改革の一環として進められた特殊法人改革により、都市基盤整備公団は廃止され(都市再開発部門のみ新法人を設立)、住宅金融公庫も廃止される。公団による賃貸住宅の新規供給は原則的に行われないことになり、金融公庫の業務は民間金融機関が担うことになった。

(23)二〇〇九年度から入居収入基準(一般区分・第四分位)が月額二〇万円から月額一五万八〇〇〇円に変更さ

れた。その理由として、国土交通省は、一九九六年に収入分位二五％に相当する政令月収二〇万円（年間粗収入三人世帯四六三万円）に設定されて以降、世帯所得が低下し、高齢者世帯が増加したことなどに伴い、政令月収二〇万円が現在は収入分位三六％に相当すると述べる。この結果、応募倍率が上昇（二〇〇五年度全国平均九・九倍、東京都三二・一倍）し、住宅に困窮する多数の入居希望者が入居できない状況に至ったと分析する。それゆえ、政令月収を現在の収入分位二五％に相当する額として一五万八〇〇〇円（年間粗収入三人世帯四〇〇万円）に改定し、裁量階層の入居収入基準を収入分位四〇％の二一万四〇〇〇円（年間総収入三人世帯四八四万円）とした。

(24)この要因は、失業などにより、稼働年齢層と考えられる世帯の生活保護の受給が二〇〇二年度は約七万世帯のところ、二〇一二年度は約二八万世帯に急増していることや、就労による経済的自立が容易でない高齢者世帯の受給が二〇〇二年は約四〇万世帯のところ、二〇一二年には約六八万世帯に増加していることなどにあるとされている。

(25)都営住宅の入居者募集の方針を見ると、抽選方式とポイント方式がある。また、抽選方式の中でも優先抽選制度があり、高齢者世帯や心身障碍者世帯、多子世帯、生活保護など受給帯世帯、一人親世帯の当選率は「一般」の七倍となる［東京都都市整備局二〇一五b：五］。

第3章

(26)旧都市計画法（一九六八年廃止）では、「一団地住宅の経営」という名称で、「住宅建設に合わせて道路、公園、上下水道などを整備することにより用地の効率的利用と住環境の向上を図る目的」が定められていた。「一団地住宅の経営」は、のちに「一団地住宅地区」（一九六八年公布）と名称が変わり、「住宅を集団的に建てて、狭い住戸にとれなかったいろいろな設備を共同でもつ」ことによって「居住者の生活を豊かなものとすること」が目指される。

（27）団地によってかなり差があったはずで、近隣の公団赤羽台団地における2DKの比率は三割であった。

（28）小川さんの住む号棟は、構造の多様化の試みで建てられた、二階を持つ中層型住宅であり、一階がダイニングキッチンと六畳、二階が六畳と三畳という3DKの間取りに設計されている。この号棟は、特殊な間取りのため、改善事業が行われず、N地区としては初めての建替えや移転の対象となる。インタビュー直後の二〇一二年一一月に住民たちは移転した。

（29）N地区の右上を通る道路の向こう側にある三つの号棟が「桐ヶ丘地区」としてブロック化されている（図0―2の団地の図を参照）。「桐ヶ丘地区」は真っ先に建てられたため、建替え第1期に工事が行われた。

（30）ノルベルト・エリアスとジョン・スコットソンは、一九六〇年代のイギリスの郊外住宅地コミュニティに関する研究で、古い定着集団と、新しい住民集団の間に存在する激しい分裂を観察する。両者は国籍、エスニシティ、社会階級の差がないのに、古い地区の住民たちは新しい地区の住民たちを自分たちより劣った人間として扱う。新しい住民集団は、古い住民に対してだけではなく、お互いにも馴染まず、結合力を持たないため、自分自身に対する低い評価に対して反撃せず、ある程度受容する様子さえ見せる。エリアスとスコットソンの研究では、両者の差異はその地域における居住期間の「長さ」のみであった。昔から住んでいる住民集団の集団的な優位性の最大の武器は「古さ」であって、それが地域における社会的関係、帰属意識、プライドや満足感の根源となったのだ。古い住民たちは、地域の重要な案件を決定するだけではなく、古い住民の中から次の決定権者が選出され、自然に地域内の既得権を維持することができた。古い集団の親密感の裏面には感情的閉鎖性が存在し、内部者が感じる所属感や安心感は部外者に対する排他的な壁となる。コミュニティの両面性がここに鮮明に表れている。

第4章

（31）北区社会福祉協議会（北社協）は、一九五三年に任意団体として設立された。北社協は一九六四には法人として認可され、社会福祉法人北区社会福祉協議会となった。北社協は一九七〇年代から「北区老人いこいの家」「福祉館」「北区社会福祉館」「北区結婚相談所」の運営を区より受託した。一九九〇年にはデイホーム桐ヶ丘を開設し、また北区ボランティアセンターを開設した。一九九七年にはデイホーム滝東（滝野川東高齢者在宅サービスセンター）を開設した。二〇〇〇年から北区の指定管理者として両デイホームを運営している。二〇一三年からは区より受託して、要介護認定調査事業を開始した（北区社会福祉協議会の「あしあと」http://kitashakyo.or.jp/shokai/enkaku. 二〇一七・三・一閲覧）。

(32) 桐ヶ丘やまぶき荘は、北区の委託で社会福祉法人が運営している四階建ての高齢者福祉施設であり、特別養護老人ホーム、ショートステイ、デイサービスの高齢者介護が行われている。また、北区地域包括支援センターもやまぶき荘にある。二〇〇五年の介護保険法改正で制定され、各区市町村に設置される地域包括支援センターには、保健師、主任ケアマネジャー、社会福祉士が置かれ、地域住民の保健・福祉・医療の向上、虐待防止、介護予防マネジメントなどを総合的に行う機関である（北区桐ヶ丘やまぶき荘「施設の概要」http://www.seirouin.or.jp/yamabuki/outline.html. 二〇一五・一二・一二閲覧）。

(33) 北区における地域支援事業は、「おたっしゃ事業」と「デイホーム事業」がある。二〇一三年国民生活基礎調査によると、六五歳以上の高齢者が要介護になる原因は、老年症候群（認知症、衰弱、関節疾患、骨折や転倒）が五一・九%を占める。介護予防事業のプログラムも以上のような身体的老化に対応することに焦点を当てている。「おたっしゃ事業」利用のためのアンケート調査でも、「バスや電車で、一人で外出していますか。今日は何月何日かわからない時がありますか」など、普段の生活や心身の状態についての質問から健康状態を把握する。「おたっしゃ事業」では一回九〇分の筋力アップ体操などの運動をするプログラムが運営されている（東京都北区ホームページ「おたっしゃ事業」http://www.city.kita.tokyo.jp/kenko/koresha/kenko/jigyo/index.html. 二〇一五・九・一七閲覧）。

第5章

(34)桐ヶ丘団地再生計画の目標を見ると、(1)居住水準の向上と土地の高度利用、(2)周辺市街地に開かれた地域の中心の整備、(3)現居住者への充分な対応、(4)高齢化社会への対応、(5)居住者構成の多様化、(6)良好な自然環境の保全と活用、(7)生活関係施設の充実、(8)街並形成となっている。建替えの計画は、東京都都市整備局住宅整備課が、建築は同東部住宅建設事務所が担当している。

(35)桐ヶ丘団地以外の桐ヶ丘地域振興室管轄の自治会には、赤羽台団地自治会、赤羽八幡自治会、赤羽台三丁目自治会、桐ヶ丘自治会、赤羽台四丁目団地自治会、印刷局赤羽西宿舎自治会、赤羽西五丁目自治会の七つがあり、当時は計一九の自治会が存在していた。

第6章

(36)移転先住宅の使用料は、部屋面積や入居者の収入などにより決定される。ただし、移転先の住宅使用料が現在より高くなる場合、一年目には新使用料と旧使用料の差額の六分の五を減額、二年目は差額の六分の四を減額する仕組みで、六年目になって新使用料となる。

(37)「ローカル・コモンズ」とは、「コモンズ」の一種であり、地域コミュニティが実質的に所有し、共同事業として住民どうしが相互利益に配慮しながら管理しているものを指す。住民はみな無償利用が可能であるが、アクセスは地域コミュニティの成員に限定される。ローカル・コモンズの研究［菅 二〇〇六／宮内（編）二〇〇六］は、民俗学・人類学・環境社会学などで盛んである。

(38)コモンズ論における「専有」とは、公用空間の部分を私的（独占的）に使用することを指す。

第8章

(39)Paper Partition System 4（http://www.shigerubanarchitects.com/works/2011_paper-partition-system-4/index.html. 二〇一八・三・八閲覧）

参考文献

1　単行本・論文

［日本語文献］

有泉亨（編）一九五六『給与・公営住宅の研究』東京大学出版会
稲葉陽二　二〇一一『ソーシャル・キャピタル入門――孤立から絆へ』中央公論新社
岩田規久男　二〇〇六『「小さな政府」を問いなおす』筑摩書房
岩本通弥　一九九九「死に場所と覚悟」『覚悟と生き方』岩本通弥（編）、筑摩書房
――二〇〇三「方法としての記憶――民俗学におけるその位相と可能性」『記憶』岩本通弥（編）、朝倉書店
――二〇〇六「口述／観察／非文字資料――民俗学研究の立場から」『史料学入門』東京大学教養学部歴史学部会（編）、岩波書店
――二〇〇七「都市化に伴う家族の変容」『「家族」はどこへいく』沢山美果子・岩上真珠・立山徳子・赤川学・岩本通弥（著）、青弓社
――二〇一三「解説／解題グリンデル高層住宅――団地暮らしの映像民族詩的接近」、マイケ・ミュラー『Die Grindelhochhäuser: Eine filmethnographische Annäherung an das Wohnen im Hochhaus（グリンデル高層住宅――団地暮らしの映像民族誌的接近）』ハンブルク大学民俗学研究所マギスター卒業作品日本語版ＤＶＤ、東京大学大学院総合文化研究科
――二〇一五「〝当たり前〟と〝生活疑問〟と〝日常〟」『日常と文化』一：一―一四

上野千鶴子　二〇〇二『家族を容れるハコ　家族を超えるハコ』平凡社
——　二〇一一a『ケアの社会学——当事者主権の福祉社会へ』太田出版
——　二〇一一b「序——社会学の再興のために」『公共社会（2）少子高齢社会の公共性』盛山和夫・上野千鶴子・武川正吾（編）、東京大学出版会
上野正彦ほか　一九八一「老人の自殺」『日大医学雑誌』四〇（一〇）：一一〇九—一一一九
江上渉　一九九〇「団地の近隣関係とコミュニティ」『大都市の共同生活——マンション・団地の社会学』倉沢進（編）、日本評論社
NHKスペシャル取材班・佐々木とく子　二〇〇七『ひとり誰にも看取られず——激増する孤独死とその防止策』阪急コミュニケーションズ
NHKスペシャル取材班　二〇一五『老後破産——長寿という悪夢』新潮社
NHK「無縁社会プロジェクト」取材班（編著）　二〇一〇『無縁社会——〝無縁死〟三万二千人の衝撃』文藝春秋
NPO法人介護者サポートネットワークセンター・アラジン　二〇一一『介護疲れを軽くする方法——家族を介護するすべての人へ』河出書房新社
大岡頼光　二〇〇四『なぜ老人を介護するのか——スウェーデンと日本の家と死生観』勁草書房
太田博太郎（編）　一九六九『住宅近代史——住宅と家具』雄山閣出版
大月敏雄　二〇一四「近居の意義」『近居——少子高齢社会の住まい・地域再生にどう活かすか』大月敏雄・住総研（編）、学芸出版社
——　二〇一五「住み方調査と〝建築計画学〟」『日常と文化』一：八〇—八四
大本圭野　一九九一『〈証言〉日本の住宅政策』日本評論社

大山眞人　二〇〇八『団地が死んでいく』平凡社
荻田武・リムボン　一九八九『公営住宅・居住者運動の歴史と展望』法律文化社
片桐雅隆　一九九六『プライバシーの社会学――相互行為・自己・プライバシー』世界思想社
片多順　一九八一『老人と文化――老年人類学入門』垣内出版
鎌田とし子　一九九九『貧困と家族崩壊――「ひとり暮らし裁判」の原告たち』ミネルヴァ書房
――　二〇一一『貧困の社会学――労働者階級の状態』御茶の水書房
川床靖子　二〇一三『空間のエスノグラフィー――文化を横断する』春風社
河野正輝ほか（編著）　一九八一『住居の権利――ひとり暮らし裁判の証言から』ドメス出版
金泰昌　二〇〇二「おわりに」『公共哲学7　中間集団が開く公共性』佐々木毅・金泰昌（編）、東京大学出版会
木村徳国　一九六九a「住宅洋風化と明治大邸宅」『住宅近代史――住宅と家具』太田博太郎（編）、雄山閣出版
――　一九六九b「明治時代の都市住宅――中産階級住宅の発生と中廊下形住宅様式の成立」『住宅近代史――住宅と家具』太田博太郎（編）、雄山閣出版
――　一九六九c「大正から昭和へ――居間中心形住宅様式の成立と昭和初期の中流住宅」『住宅近代史――住宅と家具』太田博太郎（編）、雄山閣出版
倉沢進　一九九〇「都市生活と集合住宅」『大都市の共同生活――マンション・団地の社会学』倉沢進（編）、日本評論社
現代思想　二〇一六「特集＝老後崩壊――下流老人・老老格差・孤独死…」『現代思想』二月号、青土社
小泉和子　一九六九「家具」『住宅近代史――住宅と家具』太田博太郎（編）、雄山閣出版
小山静子　一九九九『家庭の生成と女性の国民化』勁草書房
今和次郎　一九四五『住生活』乾元社

塩崎賢明　二〇〇六『住宅政策の再生――豊かな居住をめざして』日本経済評論社
篠原聡子　二〇〇八『住まいの境界を読む――人・場・建築のフィールドノート』彰国社
――　二〇一五「東京マンションの展開と暮らし」『日常と文化』一：四六―五五
島田裕巳　二〇一〇『葬式は、要らない』幻冬舎
清水郁郎　二〇〇五『家屋とひとの民族誌――北タイ山地民アカと住まいの相互構築誌』風響社
新谷尚紀　二〇〇六「儀礼の近代」『都市の生活リズム』新谷尚紀・岩木通弥（編）、吉川弘文館
菅豊　二〇〇六『川は誰のものか――人と環境の民俗学』吉川弘文館
祐成保志　二〇〇八『〈住宅〉の歴史社会学――日常生活をめぐる啓蒙・動員・産業化』新曜社
鈴木成文　二〇〇六『五一C白書――私の建築計画学戦後史』住まいの図書館出版局
鈴木成文・上野千鶴子・山本理顕・布野修司・五十嵐太郎・山本喜美恵　二〇〇四『「51C」家族を容れるハコの戦後と現在』平凡社
鈴木博之　一九九三「ヨーロッパ、アメリカの近代・現代」『近代・現代建築史（新建築学大系五）』鈴木博之・山口廣（著）、新建築学大系編集委員会（編）、彰国社
生活科学調査会（編）　一九六三『団地のすべて』医歯薬出版
タウンゼント、ピーター　一九七四『居宅老人の生活と親族網――戦後東ロンドンにおける実証的研究』山室周平（監訳）、垣内出版
高橋絵里香　二〇一三『老いを歩む人びと――高齢者の日常からみた福祉国家フィンランドの民族誌』勁草書房
多木浩二　一九七六『生きられた家』田畑書店
武川正吾　二〇〇六『地域福祉の主流化――福祉国家と市民社会Ⅲ』法律文化社
――　二〇一二「グローバル化と個人化――福祉国家と公共性」『少子高齢社会の公共性』盛山和夫・上野千鶴

子・武川正吾（編）、東京大学出版会
辻正二　二〇〇〇『高齢者ラベリングの社会学──老人差別の調査研究』恒星社厚生閣
天童荒太　二〇〇八『悼む人』文藝春秋
中川清　一九八五『日本の都市下層』勁草書房
中沢卓実・淑徳大学孤独死研究会　二〇〇八『団地と孤独死』中央法規
波平恵美子　二〇〇四『日本人の死のかたち──伝統儀礼から靖国まで』朝日新聞社
成田龍一　二〇〇三『近代都市空間の文化経験』岩波書店
西川祐子　二〇〇〇『近代国家と家族モデル』吉川弘文館
──　二〇〇四『住まいと家族をめぐる物語──男の家、女の家、性別のない部屋』集英社
日本住宅会議（編）　二〇〇九『格差社会の居住貧困──住宅白書２００９〜２０１０』ドメス出版
額田勲　一九九九『孤独死──被災地神戸で考える人間の復興』岩波書店
ノルベルグ＝シュルツ、クリスチャン　一九九一『建築の世界──意味と場所』前川道郎・前田忠直（訳）、鹿島出版会
──　一九九七『実存・空間・建築』加藤邦男（訳）、鹿島出版会
ハイデッガー、マルティン　二〇〇八『ハイデッガーの建築論──建てる・住まう・考える』中村貴志（訳・編）、中央公論美術出版
朴承賢（パク・スンヒョン）　二〇一二b「「家庭」の成立から「団地族」の誕生まで」『일본연구（日本研究）』五四：六三─八三、韓国外大日本研究所
──　二〇一六「１ＤＫでの孤独と死、そして尊厳：「東京桐ヶ丘都営団地」の高齢化と建替えのエスノグラフィ」（Loneliness, Death and Dignity in 1DK: An Ethnography on Aging and Reconstruction of Kirigaoka Public Housing in

Tokyo）、東京大学大学院総合文化研究科超越文化科学専攻文化人類学コース博士論文
バシュラール、ガストン　二〇〇二『空間の詩学』岩村行雄（訳）、筑摩書房
早川和男　一九七九『住宅貧乏物語』岩波書店
早川正夫　一九六九「戦後」『住宅近代史――住宅と家具』太田博太郎（編）、雄山閣
原武史　二〇一二『団地の空間政治学』ＮＨＫブックス
原武史・重松清　二〇一〇『団地の時代』新潮社
パルモア、アードマン・前田大作　一九八八『お年寄り――比較文化から見た日本の老人』片多順（訳）、九州大学出版会
平山洋介　二〇〇九『住宅政策のどこが問題か――「持家社会」の次を展望する』光文社
――二〇一一『都市の条件――住まい、人生、社会持続』ＮＴＴ出版
ファインマン、マーサ・Ａ　二〇〇九『ケアの絆――自律神話を超えて』穐田信子・速水葉子（訳）、岩波書店
藤田真理子　二〇〇三『アメリカ人の老後と生きがい形成――高齢者の文化人類学的研究』大学教育出版
藤森克彦　二〇一〇『単身急増社会の衝撃』日本経済新聞出版社
ベネディクト、ルース　二〇〇八『菊と刀』角田安正（訳）、光文社
ボーヴォワール、シモーヌ・ド　一九九五『おだやかな死』杉捷夫（訳）、紀伊國屋書店
ボードレール、シャルル　二〇〇六『ボードレール――パリの憂鬱』渡辺邦彦（訳）、みすず書房
本間義人　二〇〇四『戦後住宅政策の検証』信山社
――二〇〇九『住居の貧困』岩波書店
槇文彦　一九九九「ル・コルビュジエ シンドローム――日本の近代建築発展の過程において」『ル・コルビュジエと日本』高階秀爾・鈴木博之・三宅理一・太田泰人（編）、鹿島出版会

宮内泰介（編）　二〇〇六『コモンズをささえるしくみ――レジティマシーの環境社会学』新曜社
牟田和恵　一九九六『戦略としての家族』新曜社
柳田國男　一九七五『先祖の話』筑摩書房
山田昌弘　二〇〇四『パラサイト社会のゆくえ――データで読み解く日本の家族』筑摩書房
山本理顕　二〇一五『権力の空間／空間の権力――個人と国家の〈あいだ〉を設計せよ』講談社
山本理奈　二〇一四『マイホーム神話の生成と臨界――住宅社会学の試み』岩波書店
結城康博　二〇一四『孤独死のリアル』講談社
レルフ、エドワード　一九九一『場所の現象学――没場所性を越えて』高野岳彦・阿部隆・石山美也子（訳）、筑摩書房

［韓国語文献］
Arendt, Hannah　1996『인간의 조건』이진우・태정호（역）、한길사（1958 *The Human Condition*. University of Chicago Press.）
Ariès, Philippe　1997『죽음의 역사』이종민（역）、동문선（1975 *Essais sur l'Histoire de la Mort en Occident du Moyen-Age à Nos Jours*. Seuil.）
――　2004『죽음 앞의 인간』고선일（역）、새물결（1983 *Images de l'Homme Devant la Mort*. Seuil.）
Beauvoir, Simone de　2002『노년』홍상희・박혜영（역）、책세상（1970 *La vieillesse*. Gallimard.）
Benjamin, Walter　2005『아케이드 프로젝트』조형준（역）、새물결（1983 *Das Passagen-Werk*. Suhrkamp.）
Bollnow, Otto Friedrich　2011『인간과 공간』이기숙（역）、에코리브르（1963 *Mensch und Raum*. Kohlhammer.）
Bourdieu, Pierre　1995『자본주의의 아비투스』최종철（역）、동문선（1977 *Algérie 60: Structures économiques et*

structures temporelles. Éditions de Minuit.）

チ・ウンスク（지은숙）2016「부모를 돌보는 비혼 남성의 남성성：일본의 젠더 질서와 가족 돌봄의 역학（親を介護する非婚男性の男性性）」、권숙인・김효진・지은숙（편）、『젠더와 일본사회（ジェンダーと日本社会）』한울아카데미

Elias, Norbert and John L. Scotson　2005『기득권자와 아웃사이더』박미애（역）、한길사（1994 *The Established and the Outsiders: A sociological enquiry into community problems.* Sage.）

Elias, Norbert　2011『죽어가는 자의 고독』김수정（역）、문학동네（1982 *Über die Einsamkeit der Sterbenden in unseren Tagen.* Suhrkamp.）

Foucault, Michel　2011『안전、영토、인구：콜레주드프랑스 1977-78 년』심세광・전혜리・조성은（역）、난장（2004 *Sécurité, Territoire, Population: cours au Collège de France 1977-1978.* Gallimard.）

——　2014『헤테로토피아』이상길（역）、문학과 지성사（2009 *Le Corps Utopique: suivi de les heterotopies.* Lignes.）

ハン・ヨンへ（한영혜）　2004『일본의 지역사회와 시민운동（日本の地域社会と市民運動）』한울아카데미

Hays, K. Michael　2003『1968 년 이후의 건축이론』봉일범（역）、Spacetime（1998 *Architecture Theory Since 1968.* The MIT Press.）

Homer　1995『일리아스（イリアス）』천병희（역）、종로서적

イ・サンボン（이상봉）　2016「친밀권의 재구성과 대안적 공공권의 가능성（親密圏の再構成と対案的な公共圏の可能性）」『21세기 정치학회보』26(3) p. 59-83

イ・ヨンジン（이영진）　2012「전후 일본의 특공 위령과 죽음의 정치（戦後日本における特攻慰霊と死の政治）」ソウル大学大学院人類学博士学位論文

ジョン・ジンホン（정진홍）　2013「죽음의례와 죽음（死の儀礼と死）」『죽음의례 죽음 한국사회（死の儀礼・

死・韓国社会)』이용범（편）、모시는사람
ジョン・ジンウン（정진웅） 2012『노년의 문화인류학（老年の文化人類学)』한울아카데미
キム・ヒキョン（김희경） 2015「〝핀핀코로리의 비밀〟：일본 나가노현 사쿠시에서의 생명정치와 노년의 자기윤리（「ぴんぴんころりの秘密」——長野県佐久市における生命政治と高齢者の自己倫理)」ソウル大学大学院人類学博士学位論文
キム・ヒョンキョン（김현경） 2015『사람、장소、환대（人・場所・歓待)』문학과 지성사
Kübler-Ross, Elisabeth 2008『죽음과 죽어감』이진（역）、이레（1969 *On Death and Dying*. Macmillan.）
Le Corbusier 1986『아테네 헌장』이윤자（역）、기문당（1941 *La Carte d'Athènes*. Kraus Reprint.）
—— 2002『건축을 향하여』이관석（역）、동녘（1958 *Vers une architecture*. Vincent.）
—— 2004『프레시지옹：건축과 도시계획의 현재 상태에 관한 상세한 설명』정진국・이관석（역）、동녘（1930 *Précisions Sur un État Présent de L'Architecture et de L'Urbanisme*. G. Crès.）
Lefebvre, Henri 2011『공간의 생산』양영란（역）、에코리브르（1974 *La Production de l'Espace*. Éditions Anthropos.）
Minois, Georges 2010『노년의 역사』박규현・김소라（역）、아모르문디（1987 *Histoire de la Vieillesse en Occident. De l'antiquité à la renaissance*. Fayard.）
宮本太郎 2011『복지정치：일본의 생활보장과 민주주의』임성근（역）、논형（二〇〇八『福祉政治——日本の生活保障とデモクラシー』有斐閣）
Nisbet, Robert A. 1990『현대사회의 정신사적 기초』강대기（역）、문학과 지성사（1986 *The Making of Modern Society*. Wheatsheaf Books.）
朴承賢（パク・スンヒョン、박승현） 2012a「1DK의 마이홈：초고령사회의 가족과 주거（1DKのマイホーム——超高齢社会の家族と住居)」『次世代人文社会研究』8: 227-241

—— 2015「개호보험시대의 〝자립〟의 의미：도쿄의 한 개호예방시설을 통해 본 고령자 자립을 둘러싼 지역적 실천（介護保険時代の「自立」の意味）」『비교문화연구』21(2): 181-209

—— 2016 「주거복지의 후퇴와 거주의 빈곤：전후 일본에서 〝공공주택에 산다는 것〟의 의미변화（戦後日本の居住福祉の後退と公営住宅の意味変化）」『한국문화인류학』49(2): 41-74

—— 2018a「고독한 죽음과 돌봄의 연대：일본의 한 공공단지 사례를 중심으로（孤独な死とケアの連携）」『일본연구』75 호：79-99

—— 2018b「일본 사회복지협의회를 통해 본 〝새로운 공공〟：도쿄 북구사협의 지역복지 사례를 중심으로（日本社会福祉協議会からみる地域福祉の「新しい公共」）」『민주주의와 인권』18(1): 153-181

—— 2018c「노년과 죽음、그리고 돌봄의 시간（老いと死、ケアの時間）」한림대 생사학연구소（편）『삶과 죽음의 대화（生と死の対話）』박문사

—— 2018d「인생의 마지막 장에 대한 탐구（人生の最後の章に関する探究）」한림대 생사학연구소（편）『가치있는 삶과 좋은 죽음（良き生と良き死）』박문사

Putnam, Robert D.　2013『나 홀로 볼링：사회적 커뮤니티의 붕괴와 소생』정승현（역）、페이퍼로드（2000 *Bowling Alone. The collapse and revival of American community.* Simon & Schuster.）

齋藤純一　2009『민주적 공공성』윤대석・류수연・윤미란（역）、이음（二〇〇〇『公共性』岩波書店）

Saramago, José　2009『죽음의 중지』정영목（역）、해냄（2005 *As Intermitências da Morte.* Companhia das Letras.）

Scott, James C.　2010『국가처럼보기：왜 국가는 계획에 실패하는가』전상인（역）、에코리브르（1998 *Seeing Like a State. How certain schemes to improve the human condition have failed.* Yale University Press.）

関沢まゆみ　2013「장례식의 변화와 영혼관의 변화（葬儀の変化と霊魂観の変化）」『죽음의례 죽음 한국사회（死の儀礼・死・韓国社会）』이용범（편）、모시는사람

Sennett, Richard　2013『투게더：다른 사람들과 함께 살아가기』김병화（역）、현암사（2012 *Together. The Rituals, Pleasures, and Politics of Cooperation.* Yale University Press.）

Sophocles　2008「콜로누스의 오이디푸스（コロノスのオイディプス）」『소포클레스 비극 전집（ソポクレス悲劇全集）』천병희（역）、숲

Thane, Pet　2012『노년의 역사』안병직（역）、글항아리（2012 *The Long History of Old Age.* Thames and Hudson Ltd.）

[英語文献]

Bellah, Robert N., Richard Madsen, William M. Sullivan, Ann Swidler and Steven M. Tipton　1985 *Habits of the Heart: Individualism and commitment in American life.* University of California Press.

Bourdieu, Pierre　1977 *Outline of Theory of Practice.* Richard Nice (trans.), Cambridge University Press.

Brillembourg, Alfredo, Hubert Klumpner, Urban-Think Tank Chair of Architecture and Urban Design and ETH Zürich (photographs by Iwan Baan)　2013 *Torre David: Informal vertical communities.* Lars Muller Publishers.

Brown, Arnold S.　1990 *Social Processes of Aging and Old Age.* Prentice Hall.

Clark, Margaret　1967 The Anthropology of Aging: A new area for studies of culture and personality. *The Gerontologist* 7(1): 55-64.

De Certeau, Michel　1984 *The Practice of Everyday Life.* Steven Rendall (trans.), University of California Press.

Durkheim, Émile　1960 *Le Suicide: étude de sociologie.* Les presses universitaires de France.

Evans-Pritchard, Edward E.　1969 *The Nuer: A description of the modes of livelihood and political institutions of a Nilotic people.* Oxford University Press.

Foner, Nancy　1984 *Ages in Conflict: A Cross-cultural perspective on equality between old and young.* Columbia University Press.

Fraser, Nancy and Gordon, Linda　1994 A Genealogy of Dependency: Tracing a keyword of the U.S. welfare state. *Signs* 19(2): 309-336.

Fry, Christine　1990 The Life Course in Context: Implication of comparative research. *Anthropology and Aging*. Robert L. Rubinstein (ed.), Kluwer Academic Publishers.

Hall, Edward T.　1966 *The Hidden Dimention*. Doubleday.

―― 1990 *The Silent Language*. Doubleday.

Hart, Charles W.M. and Pilling, Arnold R.　1960 *The Tiwi of North Australia*. Holt, Rinehart and Winston.

Heidegger, Martin　1927 *Sein und Zeit*. M. Niemeyer.

Holston, James　1989 *The Modernist City: An anthropological critique of Brasília*. University of Chicago Press.

Jacobs, Jane　1961 *The Death and Life of Great American Cities*. Random House.

Jacobs, Jerry　1974 *Fun City: An ethnographic study of a retirement community*. Holt, Rinehart and Winston.

Jonasson, Jonas　2012 *The 100-year-old Man who Climbed out the Window and Disappeared*. Rod Bradbury (Trans.), Hyperion.

Keith, Jennie　1977 *Old People, New Lives: Community creation in a retirement residence*. The University of Chicago Press.

Lee, Yungjin　2015 Postwar Japan and the Politics of Mourning: The meaning and the limits of war experiences. *Seoul Journal of Japanesse Studies* 1(1): 89-113.

Liebow, Elliot　1967 *Tally's Corner: A study of negro streetcorner men*. Little, Brown.

Lim, Anna　2015 Constructing a Heterotopia of Migrant Space: 'Weekend flat' and a sense of belonging among Filipino migrant workers in Tel Aviv, Israel. Ph.D dissertation, Dept. of Sociology and Anthropology, Tel Aviv University.

Matsumoto, Yoshiko　2011 Beyond Stereotypes of Old Age: The discourse of elderly Japanese women. *Faces of Aging: The lived experiences of the elderly in Japan*. Yoshiko Matsumoto (ed.), Stanford University Press.

Miller, Daniel　1988 Appropriation of the State on the Council Estate. *Man* 23(2): 353-372.

Nisbet, Robert A.　1969 *The Quest for Community.* Oxford University Press.

Norberg-Schulz, Christian　1980 *Genius Loci: Towards a phenomenology of architecture.* Rizzoli.

Posner, Richard A.　1995 *Aging and Old Age.* University of Chicago Press.

Rapoport, Amos　2002 Spatial Organization and the Built Environment. *Companion Encyclopedia of Anthropology.*Tim Ingold (ed.), Routledge.

Sandel, Michael J.　1982 *Liberalism and the Limits of Justice.* Cambridge University Press.

Schoeman, Ferdinand David　1992 *Privacy and Social Freedom.* Cambridge University Press.

Simmons, Leo W.　1945 *The Role of the Aged in Primitive Society.* Yale University Press.

Tönnies, Ferdinand　1957 *Community and Society.* Charles P. Loomis (trans. and ed.), Michigan State University Press.

Torgerson, Ulf　1987 *Between State and Market: Housing in the Post-Industrial Era.* Turner, B., Kemeny, J. and L. Lundqvist (eds.), Almqvist and Wiksell International.

Tsuji, Yohko　1997 An Organization for the Elderly, by the Elderly: A senior center in the United States. *The Cultural Context of Aging.* Jay Sokolovsky (ed.), Bergin & Garvey.

Varenne, Herve　1977 *Americans Together: Structured diversity in a midwestern town.* Teachers College Press.

2　政府刊行物・地域資料

北区飛鳥山博物館（編）　二〇〇三『団地ライフ――「桐ヶ丘」「赤羽台」団地の住まいと住まい方』

北区史編纂調査会（編）　一九九四『北区史　都市問題編』東京都北区

――　一九九六『北区史　資料編現代2』東京都北区

北区社会福祉協議会（編）　二〇〇一『桐ヶ丘デイホーム開設一〇周年記念誌――暮らしの中のデイホームをめざして』
北区政策経営部企画課　二〇一三「北区人口推計調査報告書」
北区まちづくり部住宅課　二〇〇九「北区住宅マスタープラン２０１０資料」
桐ヶ丘Ｎ地区第２自治会　二〇一二『桐ヶ丘Ｎ地区第２自治会創立50年記念誌』
桐ヶ丘35年史編纂委員会（編）　一九八一『桐ヶ丘35年史』北郊文化
厚生省　二〇〇〇『平成12年版　厚生白書』
厚生労働省　二〇〇五『平成17年版　厚生労働白書』
総務省行政評価局　二〇一四『生活保護に関する実態調査結果報告書』
総務省統計局　二〇〇三『平成15年住宅・土地統計調査』
――　二〇一三『平成25年の住宅・土地統計調査』
東京都北区　一九八六『戦後60年写真で語り継ぐ平和の願い』
東京都都市整備局　二〇一四「Publicly-operated Housing 都営住宅」
――　二〇一五ａ「都営桐ヶ丘団地建替事業などの概要」
――　二〇一五ｂ「都営住宅の現状と公的住宅における取組事例」
都市基盤整備公団　二〇〇四『赤羽台団地を振り返る』
日本住宅公団（編）　一九六五『日本住宅公団十年史』

３　映画・ドキュメンタリー

ＮＨＫ（制作・放送）　二〇一〇『無縁社会　〝無縁死〟３万２千人の衝撃』ＮＨＫスペシャル、二〇一〇年一月

三一日放送
小津安二郎（監督）、野田高梧・小津安二郎（脚本）、山本武（製作） 一九五三『東京物語』松竹
滝田洋二郎（監督）、小山薫堂（脚本）、中沢敏明・渡井敏久（製作） 二〇〇八『おくりびと』松竹
Maike Möller 二〇一三『Die Grindelhochhäuser: Eine filmethnographische Annäherung an das Wohnen im Hochhaus（グリンデル高層住宅：団地暮らしの映像民族誌的接近）』ハンブルク大学民俗学研究所マギスター卒業作品（日本語版ＤＶＤ、東京大学大学院総合文化研究科）
Wiseman, Frederick (director, producer) 1997 Public Housing. Zipporah Films.

4 ウェブサイト・記事

北区桐ヶ丘やまぶき荘ホームページ「施設の概要」（http://www.seirouin.or.jp/yamabuki/outline.html 二〇一五・一二・二一閲覧）
北区社会福祉協議会「あしあと」（http://kitashakyo.or.jp/shokai/enkaku 二〇一七・三・一閲覧）
神戸新聞 一九九七・五・二「仮設住宅の孤独死 １５０人」
東京都北区ホームページ「おたっしゃ事業」（http://www.city.kita.tokyo.jp/kenko/koresha/kenko/jigyo/index.html. 二〇一五・九・一七閲覧）
WORKS-Disaster Relief Projects「Paper Partition System4」（http://www.shigerubanarchitects.com/works/2〇11_paper-partition-system-4/index.html 二〇一八・三・八閲覧）

年表・桐ヶ丘団地と日本の住宅政策の変遷

	桐ヶ丘団地関連	日本の住宅政策の変遷	その他
一九一八		公益住宅制度実施	
一九一九	一八九一—一九一九年、陸軍被服本廠が赤羽台に移転		
一九二〇		生活改善同盟会開設	
一九二三			ル・コルビュジエ「住宅は住むための機械」
一九二六		財団法人同潤会設立	
一九二八			近代建築国際会議CIAM結成
一九四一		住宅営団設立	
一九四五		戦災復興院発足	終戦。戦災による焼失や強制疎開、引揚者の帰国により、全国の住宅不足数は約四二〇万戸
一九四六	引揚者応急住宅地を「赤羽郷」と命名	臨時建設制限命令（一五坪まで制限）	
一九四八		戦災復興院は一月に建設院となり、七月に建設省と改称	

一九五〇		住宅金融公庫設立	
一九五一		公営住宅法制定、公営住宅標準設計「51C」	
一九五二	東京都、赤羽郷の都市開発計画発表、「グリーンハイツ都営住宅」建設計画策定。桐ヶ丘小学校建設		
一九五三	「グリーンハイツ誘致委員会」設置、北社協設立		小津安二郎『東京物語』公開
一九五四	「グリーンハイツ」から「桐ケ丘文化住宅」へと名称変更		
一九五五		日本住宅公団設立、2DKの誕生	この頃より高度経済成長が始まる
一九五六			『経済白書』「もはや「戦後」ではない」
一九五九	桐ヶ丘町内会結成		『建設白書』「住宅はまだ「戦後」」
一九六〇	赤羽台団地建設開始		
一九六一			Jane Jacobs, *The Death And Life of Amerian Great Cities* 出版
一九六四			東京オリンピック開催
一九七二			アメリカの「プルーイット・アイゴー」爆破
一九七六	桐ヶ丘団地完工（約四五ヘクタール・総五〇二〇戸）		

一九七九			早川和男『住宅貧乏物語』出版
一九八〇		公営住宅、単身者入居許可	
一九八一	『桐ヶ丘35年史』発刊	日本住宅公団が住宅・都市整備公団となる	
一九九〇	デイホーム桐ケ丘開設		
一九九五			阪神・淡路大震災
一九九六	桐ヶ丘団地建替え事業着手	公営住宅の入居収入基準が下位三三%から二五%へ	
一九九九		住宅・都市整備公団が都市基盤整備公団となる	
二〇〇〇	赤羽台団地建替え事業着手		介護保険制度実施
二〇〇一	桐ヶ丘デイホーム、自立支援施設へ。桐ヶ丘やまぶき荘開設		
二〇〇四		都市基盤整備公団が独立行政法人都市再生機構となる	
二〇〇六	桐ヶ丘デイホーム、介護予防施設へ	住生活基本法（住宅政策の市場化）	
二〇〇七	ホホエミ会結成		カラカスの「トーレ・デイビッド」占有
二〇〇九		公営住宅入居収入基準、月額一五万八〇〇〇円に変更	
二〇一一			東日本大震災

二〇一五	桐ヶ丘団地第四期の建替え工事中
二〇一六	桐ヶ丘団地商店街に長屋、あかしやオープン

あとがき

私と「団地」との縁は、二〇〇八年に東京大学総合文化研究科の岩本通弥先生の文化人類学演習ゼミで、ある団地を見学した日から始まる。長い歳月の物語が潜んでいるその古い団地の町並みは、私にはなぜか馴染みのある風景であった。緑豊かな古い公営住宅から感じられる安定感は、韓国の古い団地の様子とも似ていた。

二〇一八年、日本の高齢化率は二八％を超えた。韓国は高齢化率が一四％を超え「高齢社会」になった。日本はすでに一九七〇年に六五歳以上の高齢者が人口の七％を占める「高齢化社会」になり、韓国が高齢化社会に入ったのは二〇〇〇年であるため、両国の高齢化率には大きな差があるようにも見える。しかし、日本社会が高齢化社会から超高齢社会に移行するまで三六年の時間がかかったのに比べて、韓国は二〇二六年に超高齢社会になる見込みなので、韓国の高齢化はさらに急速なものであり、それによる社会変化はより大きなものになると予想される。人口減少がもたらす社会の変化は、現代の人類が経験したことのない社会現象であり、我々に未来社会に対する想像力を求めている。成熟した都市空間、老いゆく団地への関心は、我々の日常生活こそが高齢化という現在進行中の変化の中にあるとの認識に基づく。本研究は団地に刻まれている近代建築のユートピアの夢と窮状を振り返る作業であった。それは、住まうことの新たな可能性を想像する出発点にもなりえる。

都営桐ヶ丘団地へのフィールドワークは「建替えで団地が完全に変わった」という住民たちの発言から始まった。住民の高齢化と建物の老朽化がともに進んでいる団地、また建替えで古い建物と新築の建物が共存している様子は、団地の過去と現在の物語であって、さらに未来の物語に繋がれているようにも思えた。その物語の主人公、桐ヶ丘団地に刻まれている古い住民たちの物語を聞き続けることは、本書の執筆において最も重要な作業であった。そして、桐ヶ丘団地の方々の惜しみない協力のおかげで、うちとけた雰囲気の中でフィールドワークを進めることができた。本書は実に彼（女）らの語りがあったからこそ、書き始めることができたものである。

そして、出版直前の二〇一九年一月、本書の校正刷りの一部を桐ヶ丘団地の住民たちに読んでもらった。ある自治会長は本書のタイトルに対して、「桐ヶ丘団地は老いているけど、また新しくもなっている」と語った。その通りである。桐ヶ丘デイホームは、二〇一八年四月から介護予防拠点施設「ぷらっとほーむ桐ヶ丘」へと変わっていた。撤去されたE1号棟付近には、保育園「LIFE SCHOOL 桐ヶ丘 こどものもり」が建てられ、園児を募集していた。桐ヶ丘団地は、この団地に住む人びとの「終の棲家」となるべく変わり続けているのだ。そして、今回十分に書けなかった団地物語を今後また書きたいと考えた。

本を書くことは家を建てることにも似た作業であるだろう。工夫と試行錯誤の末、ようやく一軒の家が建てられたような気がする。そして、自分の研究が進められたのは、私が大きな協同作業の中にいたからだと思う。二〇〇七年に東京大学への留学を準備する時期から本書の執筆まで、先生方や仲間たちから様々な形で支えていただいた。岩本通弥先生は、筆者が日本社会・文化の研究を始めた時から常に励ましてくださった。韓国に帰国した後も、岩本研究室の「日常学としての民俗学」の問題設定や〈日常と文化研究会〉を軸とした学問的交流から、団地の生活世界に関する記述に有益な眼差しを向けることができた。博士論文を書く過程においては、東京大学の大月敏雄先生、名和克郎先生、箭内匡先生、日本女子大学の篠原聡子先生に貴重なアドバイスをいただいた。ここに記して感謝申し上げたい。

東京で博士コースとフィールドワークの期間を過ごし、その後、帰国してソウルで博士論文を執筆し、また本書も執筆した。その間、東京大学文化人類学研究室やソウル大学人類学科、ソウル大学比較文化研究所の先生方や仲間たちに大変お世話になった。東大の研究室を生活の拠点にして、学内の保育園に小さな娘を預けて、週末には自転車に乗って下北沢で買い物をした渋谷暮らしは、振り返るとなぜか現実性のない映画の場面のように浮かび上がる。その日々を支えてくれた東大の仲間たちにお礼を言いたい。また、ソウル大学比較文化研究所の仲間たちの疑問や批判は、本書を書くにあたって欠かせないものであった。研究者としての道を共に歩む仲間たちのおかげで、一喜一憂しない勇気をもらった。変わらず応援してくださったソウル大学の黄益周先生、順天郷大學の朴東誠先生にも感謝申し上げたい。

筆者は現在、東アジア文化の比較研究と文化公共財に関する教育や研究を目指しているソウル大学人類学科BK21プラス事業団に勤めている。そのおかげで常に人類学者たちから多様なフィールドの話を聞くことができる。あらゆる学問や研究はお互いに繋がっていて、その成果はお互いの研究の糧になる。筆者の研究もだれかの役に立つものになれば何よりである。

本書は二〇一六年、東京大学総合文化研究科に提出した博士論文「1DKでの孤独と死、そして尊厳:「東京桐ヶ丘都営団地」の高齢化と建替えのエスノグラフィー」、および各種学術誌に掲載してきた九編の論文（初出一覧参照）をもとにしたものである。

筆者が学位論文を書くにあたっては、トヨタ財団（二〇一〇年〜二〇一一年）、松下幸之助記念財団（二〇一二年）、澁澤民族学振興基金（二〇一三年）、小林節太郎記念基金（二〇一四年）の研究助成を受けた。また、「戦後の住まいから災後の住まいへ」と視野を広げる中で、韓国研究財団（二〇一六年）、国際交流基金（二〇一七年）の研究支援を受けた。調査を可能にしてくれたこれらの機関に感謝いたします。

本研究は「一般財団法人住総研」の二〇一七年度出版助成を得て、また、森話社の大石良則氏の丁寧な編集のおかげで、単行本として出版することができた。外国語で書く不自由は、なじみのない土地に家を建てるような冒険かもしれない。その困難は、私に謙虚で素朴な気持を持たせるものでもあった。しかし、それは一方で、編集者に苦労をかけることであった。大石氏は日本語の修正から始め、文章や本の形式を丁寧に整えてくださった。あらためてお礼を申し上げたい。

最後に、自分の生を生きていく勇気をもらっている家族、苦楽を共にしてきた夫の李榮眞にありがとうと言いたい。そして、いつか娘の崙瑞（ユン）がこの本を読むことを楽しみにしたい。

筆者を温かく迎えてくれた桐ヶ丘団地の住民の方々のご厚意により、図らずも桐ヶ丘団地の戦後の歴史、その誕生から建替えまでの「一生」を描き出すことになった。住民たちの「当たり前」のような日常を描く中で、桐ヶ丘団地は自分の研究のフィールドであると同時に、自分の「町」にもなった。彼（女）らからの身に余る歓待のおかげで、私は研究者としても、人間的にも成長することができたと思う。東京暮らしの思い出を込めて、この団地で出会った住民たちにこの本をささげたい。

二〇一八年一二月二五日

ソウルにて　朴　承賢

初出一覧

二〇一二年三月「1DK의 마이홈：초고령사회의 가족과 주거（1DKのマイホーム――超高齢社会の家族と住居）」『차세대인문사회연구（次世代人文社会研究）』8

二〇一二年一二月「「家庭」の成立から「団地族」の誕生まで――日本における近代家族と住まいの形成過程」『일본연구（日本研究）』54

二〇一五年七月「개호보험시대의 〝자립〟의 의미：도쿄의 한 개호예방시설을 통해 본 고령자 자립을 둘러싼 지역적 실천（介護保険時代の「自立」の意味――東京のある介護予防施設から見る高齢者の自立をめぐる地域的実践）」『비교문화연구（比較文化研究）』21（2）

二〇一六年七月「주거복지의 후퇴와 거주의 빈곤：전후 일본에서 〝공공주택에 산다는 것〟의 의미변화（戦後日本の居住福祉の後退と公営住宅の意味の変化）」『한국문화인류학（韓国文化人類学）』49（2）

二〇一七年八月「〝가족개호〟의 사회적 고립과 〝돌봄의 사회화〟：일본 개호보험제도의 자립과 자조의 딜레마（「家族介護」の社会的孤立と「ケアの社会化」――日本の介護保険制度における自立と自助のジレンマ）」『인문사회과학연구（人文社会科学研究）』18（3）

二〇一七年一二月「지방소멸과 지방창생：재후（災後）의 관점으로 본 마스다 보고서（「地方消滅」と「地方創生」――「災後」の観点から見る増田レポート）」『일본비평（日本批評）』16

二〇一八年三月「고독한 죽음과 돌봄의 연대：일본의 한 공공단지 사례를 중심으로（孤独な死とケアの絆――日本のある公営住宅の事例を中心に）」『일본연구（日本研究）』75

二〇一八年三月「일본 사회복지협의회를 통해 본 〝새로운 공공〟: 도쿄 북구사협의 지역복지 사례를 중심으로（日本社会福祉協議会からみる地域福祉の「新しい公共」——東京北社協の地域福祉の事例を中心に）」『민주주의와 인권（民主主義と人権）』18（1）

二〇一八年七月「〝공공의 집〟 다시 짓기: 도쿄 대규모 공영단지의 재건축과 커뮤니티（「公共の家」を建替える——東京のある公営団地の建替えとコミュニティ）」『한국문화인류학（韓国文化人類学）』51（2）

朴 承賢（パク・スンヒョン／ PARK, Seung-hyun）

1977 年、ソウル生まれ
ソウル大学大学院人類学科修士課程修了
東京大学大学院総合文化研究科超域文化科学専攻（文化人類学）博士課程修了。博士（学術）
文化人類学専攻（日本と韓国社会の高齢化と福祉、家族と住まい、老年と死、市民社会と公共性に関する研究を行う）
ハンリム大学生死学研究所 HK 研究教授を経て、現在、ソウル大学人類学科 BK21 プラス事業団助教授
メールアドレス：totomomolala@gmail.com

老いゆく団地――ある都営住宅の高齢化と建替え

発行日……………………………2019 年 3 月 28 日・初版第 1 刷発行

著者………………………………朴　承賢

発行者……………………………大石良則

発行所……………………………株式会社森話社
〒 101-0064 東京都千代田区神田猿楽町 1-2-3
Tel 03-3292-2636
Fax 03-3292-2638
振替 00130-2-149068

印刷………………………………株式会社シナノ

製本………………………………榎本製本株式会社

ISBN 978-4-86405-137-8 C1036

慰霊の系譜——死者を記憶する共同体

村上興匡・西村明編　戦争や自然災害、事故などによる死者の慰霊・祭祀を系譜的に明らかにし、死者をめぐる営みのゆくえを見さだめる。
四六判 288 頁／ 2800 円（各税別）

宗教と震災——阪神・淡路、東日本のそれから

三木英著　自らも阪神・淡路大震災で被災し、当地で慰霊行事の創出や新たな聖地の誕生をまのあたりにしてきた宗教社会学者が、被災地の「それから」を報告し、記憶の風化を防ぐ方法を提言する。
四六判 256 頁／ 2600 円

異教のニューカマーたち——日本における移民と宗教

三木英編　200 万を超える在留外国人と、日本人は今いかなる関係を築いているのだろうか？　新しい隣人を深く知るために、異国の地で彼らが拠り所とする信仰を、フィールドワークから詳らかにする。
A5 判 392 頁／ 4800 円

巡礼ツーリズムの民族誌——消費される宗教経験

門田岳久著　パッケージツアーに取り込まれ商品化された聖地巡礼は、宗教の衰退した姿でしかないのか。四国遍路の巡礼バスツアーへの参与観察から、「現代の／我々の」宗教的営みが持つ可能性を探る。
A5 判 400 頁／ 5600 円

〈老い〉の営みの人類学——沖縄都市部の老年者たち

菅沼文乃著　遊郭を起源とし、戦後は米兵相手の歓楽街として栄えた沖縄本島の辻地域で老いを迎える人びとを、デイサービスや短期賃貸アパートでのフィールドワークから描き出す。A5 判 240 頁／ 6200 円

動く墓——沖縄の都市移住者と祖先祭祀

越智郁乃著　「家より先に墓を建てろ」「人は借家住まいもできるが、死人の借り墓はできない」などといわれる沖縄で、人の移動に伴い墓はどのように動くのか？　沖縄戦、米軍統治、本土復帰を経て、なお変容し続ける現代沖縄の生と死のリアリティ。A5 判 240 頁／ 4200 円